文史哲學集成

李賢中 著

先秦名家「名實」思想探析

文史哲出版社 印行

國立中央圖書館出版品預行編目資料

先秦名家「名實」思想探析 / 李賢中著. -- 初
版. 台北市 : 文史哲, 民81
面 ; 公分. -- (文史哲學集成 ; 257)
參考書目:面
ISBN 957-547-121-0(平裝)

1. 名家

121.5 81002102

㉕⑦ 文史哲學集成

先秦名家「名實」思想探析

著者：李賢中
出版者：文史哲出版社
登記證字號：行政院新聞局局版臺業字五三三七號
發行人：彭正雄
發行所：文史哲出版社
印刷者：文史哲出版社
台北市羅斯福路一段七十二巷四號
郵撥〇五一二八八一二彭正雄帳戶
電話：三五一一〇二八

實價新台幣三八〇元

中華民國八十一年八月初版

ISBN 957-547-121-0

自序

一般對傳統文化思想感興趣的人，在剛接觸中國哲學時，往往會有一種博大精深卻無從入手的感慨。在各家各派眾說紛云的中哲瀚海中，似乎無處不可成爲研究的起點，卻也處處不易窺其堂奥。

探索「名實」思想的原本動機，是希望能從天馬行空、不著邊際的中國哲學裡，找出一條比效可行的路。因爲當我們面對傳統哲學時，首先碰觸的就是文字資料，以及文字背後的意義問題。至於將範圍設定在先秦名家，乃因他們是比較有意識地注意到「方法」問題的一家，因此本書嚐試藉著這一條曾被遺忘，甚而被排斥的曲徑，做爲面對傳統哲學思想研究的鎖鑰。

本書是筆者在輔仁大學哲學研究所的博士論文，探討漢志名家中鄧析、尹文、惠施、公孫龍等人的思想，涉及他們在認識與表達上的許多問題，諸如：我們是如何認識到這世界上的事物？我們所認識到的這些東西究竟是什麼？我們要怎麼樣來說明所認識的東西，別人才不會誤解？我們可以用語言來說明天地萬物的整體嗎？我們又應該如何來瞭解別人或不同時代的思想理論呢?……若能從前人對這些哲學問題的思考中，領略出一點心得或方法，相信必將有助於面對今日的中國哲學;如此信念一直是筆者治學的方向與期許，這本書只是一個小小的起點。

名家的名實思想雖然有其理論上的含糊，也有研究上的困難，但其根本價值是在「方法」上的提示，則是可以肯定的;誠如本書結論所指出的:名家名實思想的「方法」特色在於㈠強調哲學思想中概念意義的確定性，㈡思想發展遞衍的邏輯性，㈢理論架構的開放性，㈣系統學說的完整性。循此繼續發展更精確的「方法」要求，應可爲中國哲學開展另一番新的面貌。

這本書的寫成，除了感謝上帝成全我徜徉於哲學世界的心願，也必須感謝輔大哲學系、所的多位師長，特別是這篇論文的指導教授李震，及筆者碩士論文的指導教授丁原植。李教授在繁重的工作及個人學術研究中，不憚其煩審閱每一章節，提供諸多專業的寶貴意見，受益良多;而丁老師當時雖然人在歐洲，但仍給予許多的關注與指引，不勝感激。另方面在生活上，我要感謝家人多年來的支持與鼓勵，陪伴我走過漫長求學階段的妻子更是功不可沒，沒有他們的付出、犧牲，這本書是不可能完成的。

李賢中序於台北新莊　一九九二年二月

先秦名家「名實」思想探析　目次

第一章 緒論

第一節 研究動機與目標

在整個社會朝向多元化發展的今天，中國哲學要在現代社會脈絡上向前進展，實在有必要容納多元的探討方式與開放的對話精神（註一）。因此，一個思想研究者所關注的問題，可以不必然侷限於傳統中主流或正統的哲學思想，而能在其他的領域中探索、建構，以適應新時代的變遷與新環境的挑戰。

西方的科技文明帶給傳統中國空前的挑戰，中國知識分子經過近百年的反省，終於從器用、制度的比較發現西方文化背後的思想層次才是關鍵所在（註二），而思想層次中的「理性」更是推動著他們信仰系統、價值系統、社會習俗的內層質素，由之以開展出表層的物質文明。此並非意味著中國思想中欠缺理性的內涵，而是所謂的「理性」在中國哲學裡所伸展的方向，包括認識、思維、表達的型態不同於西方。馮契說：「中國古代有那麼多科學發現和創造，是用什麼邏輯、什麼方法搞出來的？這確是一個令人驚奇，需要我們認真研究的重大問題。」（註三）是否中國傳統的心靈智慧中，具有我們尚未發現，或尚未深究開發的某種理性或邏輯思維存在？

如果存在，中國歷來的哲學思想中應該有其線索可尋。又如何才能尋索出這些線索呢？「如何」涉及程序與方法的問題，就程序而言，基於思想的傳承相關性，首應回到哲學思想的發源處，亦即百家爭鳴的先秦時代。羅光教授說：「春秋戰國時代，為中國歷史上政治混亂，民生多難，道德淪喪的時代。但是在中華民族的思想史上，卻是一個最燦爛的時期，學者常以百家爭鳴來代表當時思想的活動。當時學者所鳴的，不僅是宣傳各自的主張，並且各自的主張真正具有新的思想。」（註四）就方法而言，基於方法與目標的對應性，則須先注意各家各派學說內涵的為學方法。胡適說：「無論那一家的哲學，都有一種為學的方法，這個方法，便是這一家的名學（邏輯）。所以老子要無名，孔子要正名，墨子說：『言有三表』，楊子說：『實無名，名無實』，公孫龍有名實論，荀子有正名篇，莊子有齊物論，尹文子有刑名之論，這都是各家的『名學』。」（註五）故在中國哲學發源處，含有較濃厚之方法性自覺的哲學思想，則為吾人特別關切的研究對象。

個人原本計畫整理先秦各家之名學思想，並加以系統比較，但由於工程過於龐大，實非本論文所能容納，時間亦不允許，故將題目集中於：先秦名家「名實」思想探析，作為現階段研究目標。

「名家」與先秦儒、墨、道、法各學派同處於中國哲學的生發階段，由於共時性的基礎，名家所反省的問題與其他各家有相似之處，如名家的學者也在尋求如何平治爭亂、安定社會之道，但其思想內容與提出的解決之道則與各家不同。他們的方法是以正名實為主，頗有理則學、認識論的雛型，但卻常以違反常俗的方式來表達，雖已具備相當理性的反省，但也是最不為歷代學者所重視的一支。羅光教授說：「儒家重名，在於倫理方面的價值，名家重名，則以理則方面的意義為重。理則學乃各種學術入門的門徑，印度和希臘古代哲學家，都看重這門學術；然而中國古代的名學，卻被看為詭辯，名家也被稱為詭辯家，中國古代乃沒有真正的名學。」（註六）

在先秦哲學的研究中，相對於儒、墨、道、法各家而言，有關名家的研究甚少；當然，這一方面涉及歷來學者對它的排斥，僅以詭辯或玩弄文字遊戲視之，認為沒有研究的價值（註七）。另一方面則因名家學者反省思辨的性格，往往不見容於政治上當權者，如漢書藝文志列為名家第一人的鄧析即被鄭國當時執政的鄭駟歂所殺（註八）；因而典籍流失，雜僞並陳，造成研究上極大的困難。再者，部分殘真的材料，由於探討的領域不同、表達方式特異，而顯得文字艱澀、義理難解，既使有人願意研究亦難有佳績。

然而，不被重視、毀多譽少、材料不足、研究困難等皆不足以完全抹殺名家思想在中國哲學史中的價值。勞思光說：「名家以純思辨之旨趣爲其特色，乃先秦思想之特殊學派，所代表者爲早期形上學及初步邏輯思想；其影響雖不大，哲學史中固不能不承認其地位也。」（註九）衡諸今日中國哲學的發展，在受到西方文化衝擊之後，加入理性反省、純粹思辨及方法自覺的質素是有其必要性的；而回到中國哲學發源區去找尋被埋藏、遺忘的線索，也應是可行的途徑之一。研究上雖然困難重重，但從某一角度而言，「研究」本身正是一種克服困難或釐清問題的過程。

近年來，大陸方面有關名家或名學的研究已有相當的成果，諸如：汪奠基、孫中原、溫公頤、周文英、馮契、周云之、劉培育……等人，在他們的著作中已有相當系統的整理及獨到的見解；並已發展出「中國邏輯思想史」的初步形態（註十）。台灣在這方面的研究則甚少，且無整體性之論著。不過大陸學者多以馬克斯主義的辯證方法及唯物論的觀點加以解析、建構，這也是我們需要注意的地方。

個人對於先秦名學中認知、思維、表達的相關問題甚感興趣，亦關切此一研究方向，曾於碩士論文「公孫龍子有關認識問題之研究」作過初步探討。本論文「先秦名家『名實』思想探析」即爲同一研究方向之延續，期能對先秦名家思想作進一步之解析，呈現其合於理性、邏輯的一面，並反省其思考、表達的方法，盼能從其中擷取些許精華，而有助於中國哲學之未來發展。

第二節　研究範圍與方法

戰國策趙策有云：「夫刑名之家，皆曰白馬非馬也。」（註十一）戰國時代雖已有所謂「刑名之家」，然歷史上最早出現「名家」一詞的記載，則是在漢武帝建元元封之間（約當西元前一四〇——一一〇年），太史談在論六家要旨中將先秦遺下來的載籍，各依其論說特徵分為：陰陽、儒、墨、名、法、道德等六家，之後司馬遷又將這六家要旨轉載於史記自序。班固的漢書藝文志則據劉歆「七略」、劉向「別錄」，演為九流十家，列名家為九流之一。如此，先秦諸子的學說有了系統的整理、歸類，而「名家」也在先秦各家學說中佔有一席之地。

當前有關先秦名家的研究，大致說來已不限於司馬談所分之六家，班固所演之九流十家中的「名家」，胡適就說：「古代本沒有什麼『名家』」（註十二）漢人所謂的「名家」戰國時稱為辯者或辯士（註十三）。郭沫若也說：「『名家』本是漢人所給予的稱謂，在先秦時代，所謂『名家』者流每被稱為『辯士』或『察士』，察辯並不限於一家，儒、墨、道、法都在從事名實的調整與辯察的爭鬥，故我們現在要來研討這一現象的事實，與其限於漢人所謂

『名家』，倒不如打破這個範圍，泛論各家的名辯。」（註十四）汪奠基亦云：「實際上先秦道、儒、墨、法各家學說中，都具有『正名實』的重要理論。」（註十五）此外，梁啓超在「老孔墨以後學派概觀」一文中也說明了先秦並沒有九流十家之稱，但他肯定將先秦諸子歸類的做法，乃是學術研究上的一種進步。他說：「夫對於複雜現象而求其類別，實學術界自然之要求。馬、劉以流派論諸子，不可謂非研究進步之徵也。」（註十六）因此，雖然吾人不必拘泥於漢人對先秦諸子的分類，但也不必忽略當時這種流派劃分的發展性意義，畢竟漢代與先秦時代背景較爲接近，漢人對於先秦諸子思想的理解，有其相當有利的歷史條件，司馬談、司馬遷、劉向、劉歆、班固等人，爲何將某些人的思想歸爲一家、某些載籍分爲一類，應自有其標準；而他們所見之書、及分類之理，恐非後世之人所能盡知，因此，吾人以爲對於漢代所定之「先秦名家」此一範圍，仍有值得參考之價值。

再者，以漢代所謂的「名家」作爲研究的範圍，並非就此排斥或否認其他學派相關的名學思想，而是在方法、程序上先確立「名家」之思想內涵，掌握其思想性格，再以之探究其他學派的名家思想；這與立於正統的儒家思想予以批判，或以當代邏輯思想的水平來普遍地處理先秦辯者之言，所得到的結果必然有所不同。

根據班固漢志對名家人物及文獻的說明：「名七家，卅六篇」。七家的代表人物是：鄧析子、尹文子、公孫龍、成公生、惠子、黃公、毛公等，這七人中至今仍有書傳世者，僅鄧析、尹文、公孫龍三人而已，依虞愚之考證：「鄧析二篇爲後人改竄而成，尹文子一篇已亡（今本尹文子爲僞），另前乎公孫龍有惠子一篇已亡，祇存天下篇所述歷物十事。與公孫龍同時者有毛公九篇，已亡。後乎公孫龍者，有黃公四篇、成公生五篇，均亡。名家所存材料殘而可信者，僅惠施歷物十事，及公孫龍子數篇而已。」（註十七），至於公孫龍子，漢志有十四篇，至唐高宗咸亨時則僅存六篇，並且其中跡府篇又爲後人所撰（註十八），究其實，僅存公孫龍子五篇而已。

今本鄧析子與尹文子雖經近代學者考據有所雜僞，但其中資料未必全僞，蕭登福即舉尹文子大道上所云：「名者，名形者也，形者，應名者也。然形非正名也，名非正形也。則形之與名，居然別矣。不可相亂，亦不可相無。無名，故大道無稱。有名，故名以正形。今萬物具存，不以名正之則亂。萬名具列，不以形應之則乖，故形名者，不可不正也。」指出漢代所謂之「名家」與戰國之「形名家」有相當密切的關係，以證今本尹文子書中仍有可取的資料（註十九）。王夢鷗亦多方舉證鄧析子與尹文子書乃後人附益、補輯而成，並非全屬僞託，不可盡然捨棄（註廿）。此外，羅光教授也持同樣的態度，認爲鄧析子、尹文子雖爲僞作，但並不排除今本中的言論也可能是鄧析和尹文的思想（註廿一）。

因此，本論文的範圍，在原典文獻方面以公孫龍子現存的五篇、莊子天下篇中惠施的歷物十事爲主要材料；並輔以今鄧析子、尹文子中較爲可靠的名實思想，爲次要材料。再參酌其他相關的史料、論著，以對班書所謂「先秦名家」的「名實」思想作較爲週延的理解與探析。

至於研究方法，本論文除應用基本的解析、綜合法外，主要是以基源問題法及對比法來進行探討。

㈠**解析法**：解析法要求以客觀的基本態度，解析研究材料中的語詞及論證的確實意義，在語詞意義的解析方面，特別注意每一個概念在字源、不同時代作者、及語句脈絡中意義的釐清，進而確定其論證的意義、整理論證的結構及彼此間的邏輯關係（註廿二）。

㈡**綜合法**：由方法的觀點而言，綜合是意識地把思想單元整合成更高單位（註廿三）。此方法主要是應用在理論的還原上，亦即由前述解析的各概念意涵、論證結構中，逐步將原著思想整合成較有系統之理論面貌。

㈢**基源問題研究法**：所謂基源問題研究法，是以邏輯意義的理論還原爲始點，以史學考證工作爲助力，以統攝個別哲學活動於一定設準下爲歸宿；因此必須滿足以下三個條件：

1.事實紀述的真實性。

2.理論闡述的系統性。

3.全面判斷的統一性（註廿四）。

本論文依循此研究法之要求，在文獻資料的考證上，儘可能密合原著，在理論建構的脈絡上，極力避免零散的呈現，且以問題串聯的方式表達，力求作者思路進行的連貫性。至於全面判斷的設準則以個人在輔大所受士林哲學薰陶下的哲學了解爲根據，進行批判並提出自己的觀點。

㈣對比法：對比法的主旨即在將數個研究對象予以排比對照，使在研究者經驗演進的歷程中，顯示出這些對象彼此間的統一性和差異性（註廿五）。此方法在本論文應用於：

1. 單一研究對象（如：惠施歷物十事）各種不同註解的對比。
2. 主要材料中公孫龍與惠施思想兩者間的對比。
3. 四個研究對象（鄧析、惠施、尹文、公孫龍）之間的對比。

在對比前先找出共通的概念範疇，及共通的哲學問題，作爲對比的定位準據，以進行理論的結構對比與動態對比。（註廿六）。

「方法」的一般意義是：「達到目的的思想進程」（註廿七），再進一步分析，方法含有兩個至爲明顯的意義：㈠方法是一種規範，是產生秩序的衡量標準，如規矩之產生方圓；㈡方法是一種趨向目標，具有方向感的規則或法則，也可以說是一個或一組目的化、方向化和準繩化的規則或法則（註廿八）。因此，「目標」「規則」與「歷程」是方法的主要元素。本論文的目標是—系統呈現先秦名家「名實」思想，並加以批判反省，擷取其中思想精華，期有助於中國哲學之未來發展。規則即是前述：解析、綜合、基源問題及對比等法。至於實際操作的歷程，則往往是交互運用，並無階段性的分野。例如：爲確立某一思想家之思想理論，在蒐集其所有文字材料後，透過解析、綜合、理解、對比、取擇，而構成系統，在此一過程中前述四種方法皆會反覆出現、交互影響，綜合之中有分析，分析之中有綜合。系統來自理解、理解又有助形成系統，它們是互相推進的。至於各種方法的規則限定何時成爲最强，何時被轉換忽略，這涉及因人而異的思想背景、接收資訊的能力、研究習性、表達方式、合理性標準的差異、說服力强弱的要求……等等因素；因此，本論文之研究方法除上述列舉四種主要方法之外，在實際研究過程中仍有許多主觀隱含的互動因素，此處暫無法一一說明。

第三節 本文內容概要

確立研究範圍，透過上節所述方法的操作，第二章首先要探討的是「名實」思想所從出的先秦名家是如何形成的？試圖就同一時代背景相關思潮的理論內涵，來考察形成名家思想的各種因素。其中包括其基源問題方面的思想淵源、思路進展與思考方法的影響因素、及促成其理論內容的互動因素等；因此第一節論正名思想的淵源，以孔子正名思想爲主。第二節論無名思想的轉化，以老子無名思想爲主。第三節論立名思想的briefly嚮應，以墨辯的立名思想爲主。

掌握名家形成的主要因素之後，有助於解析情境（註廿九）的進入，接下來所要探析的是：名家有關名實思想的內涵為何？此又可依其材料的真實性區分為可靠的主要內涵與較不確定的相關內涵，分兩章論述。第三章論名家名實的主要內涵，以問題串聯的方式析論公孫龍與惠施的思想。

第一節—論公孫龍的名實論，內分六項問題：

1. 何謂「物」？
2. 何謂「指」？
3. 如何認識對象物？
4. 如何呈顯認識的結果？
5. 怎樣才是正確的表達？
6. 如何達成正確的表達？

第二節—論惠施的歷物十事，內分八項問題：

1. 天地萬物的整體為何？
2. 何謂「小一」，其與「大一」的關係如何？
3. 物與物之間的關係如何？

4.「歷」與「物」的關係如何？
5.如何歷物？
6.「歷物」的性質如何？
7.「物論」是否可解？
8.如何體悟天地一體？

第四章論名家名實思想的相關內涵，此相關內涵的解析是以上一章主要內涵的理論型態、思路特性作爲取擇引用文獻的主要參考依據，同樣以問答串聯的方式析論尹文與鄧析的思想。

第一節—論尹文之形名分析，內分六項問題：
1.如何確立宇宙萬象的秩序性？
2.「名」有那些類別？
3.「名」的作用爲何？
4.「名」與「形」的關係如何？
5.如何正形名？
6.名實不符的謬誤如何產生？

第二節—論鄧析之循名責實，內分六項問題：

1.如何成明君以治世？
2.如何循名？
3.如何求諸己？
4.如何責實？
5.爲何言辯？
6.如何言辯？

以上三、四兩章的廿六個問題，以基源問題研究法構成先秦名家「名實」思想邏輯意義的理論還原，以下第五章則以對比法呈現「名實」思想的基本架構，此是以名家四子名實思想的整體，作爲理論架構的範圍，因此第一節先論名家四子名實思想的關聯性，分別以四子其中之一爲主，與另三子對比，歸結出在結構上的三個主要問題，九個核心概念。第二節論意、歷、指，探討認知主體之能力與作用爲何？第三節論物、形、實，探討主體所認知之對象爲何？第四節論名、正、謂，探討如何正確的認識，無誤的表達出來。

基於上述各章的探源、解析、建構，接下來的第六章已有充分的資訊，可層層推進而聚焦於「名與實的關係」此一根本問題上，分三節説明：第一節論變與不變的思考進路；將從變化的觀點考察名實思想。第二節論「實」的變化與確立；進一步探討認知對象的本質。第三節論「名」的性質與名實相符的辯證關係；説明「名」在變與不變思路下的不同性質與作用，並以變動的觀點說明名符其實的意義。至此，先秦名家「名實」思想的內涵與理論意義已清楚可見。

第七章是本文的結論，分三節討論。第一節是對先秦名家名實思想的反省，從形上學、認識論的立場加以批判，以呈現其理論之缺陷及未來可能建構的方向。第二節論名家名實思想在中國哲學裡的價值，提出其對中國哲學未來發展的可能助益。第三節論名家名實思想的方法論提示。透過名家「名實」思想的探析，最後希望能從探討過程中的種種啓發，嚐試勾勒出對中國哲學有效的方法論之輪廓。以上即爲本文內容之概要。

註釋

①馮耀明說：「中國哲學要在當前的歷史、社會脈絡上向前發展，尋找它的未來，首先必須從它的傳統神話中解放出來，容納多元的探索方式，發揮開放的對話精神。此外，中國哲學也必須於當前建立一種能與西方哲學互相對話的正常或共同話語。」見馮耀明著中國哲學的方法論問題，頁21。

②見金耀基著從傳統到現代，頁161～167。及殷海光著「近百年來中國現代化的過程」，中國現代化的歷程，頁50～70。

③馮契著中國古代哲學的邏輯發展，上冊，頁44。

④羅光著中國哲學思想史，先秦篇，頁18。

⑤胡適著中國古代哲學史，二冊，頁43。

⑥同註④頁20～21。

⑦這可從歷來基於儒家正統思想立場，對於名家的批評毀多譽少可見。歷代批評請參見蕭登福著公孫龍子與名家，頁244～253。

⑧清道光間指海本，鄧析子原序云：「鄧析者，鄭人也，好刑名，操兩可之說，設無窮之詞，當子產之世，數難子產之法，記或曰子產起而戮之。于春秋左氏傳昭公二十年而子產卒，子太叔嗣爲政，定公八

年太叔卒，駟歂嗣爲政，明年乃殺鄧析，而用其竹刑。」見中國子學名著集成，名家輯要，珍本082，頁127。

⑨勞思光著中國哲學史，第一卷，頁351。

⑩汪奠基著有中國邏輯思想史及中國邏輯思想史料分析。孫中原著有中國邏輯史。溫公頤著先秦邏輯史。周文英著中國邏輯思想史稿。馮契著中國古代哲學的邏輯發展。周云之、劉培育合著先秦邏輯史等。

⑪刑名亦作形名，刑與形，古通用。形名即是名實。見郭爲著名家之研究，高雄師範學院學報第十期，頁354。

⑫同註⑤。

⑬莊子天下篇云：「桓團，公孫龍，辯者之徒。」又云：惠施以其「歷物之意」爲大，觀於天下而曉辯者，天下之辯者相與樂之。」又公孫龍子跡府篇云：「公孫龍，六國辯士也。」

⑭郭沫若著十批判書，頁249。

⑮汪奠基著中國邏輯思想史料分析，頁11。

⑯梁啓超著老孔墨以後學派概觀，頁1。

⑰虞愚著中國名學，頁97～98。

⑱蕭登福著公孫龍子與名家，頁8～16。

⑲同註⑱，頁182～183。

⑳王夢鷗著戰國時代的名家，中央研究院歷史語言研究所集刊44本3分，頁508～518。

㉑同註④，頁688。
㉒李賢中著公孫龍子有關認識問題之研究，頁7～10。
㉓項退結編著西洋哲學辭典第三七二條。
㉔同註⑨，頁15～16。
㉕沈清松著現代哲學論衡，頁3。
㉖同前，頁8。理論的結構對比表現在各組成概念彼此的關係、或命題的各構成語詞彼此的關係上，這些概念或語詞既相異又相配，始得以連繫於同一命題中。動態對比則表現在次級理論（或命題）之間，或數個同級理論之交互影響上。
㉗鄔昆如著先秦儒家哲學的方法演變，頁1。（79.5.台大哲學系主辦中國哲學之方法研討會論文）
㉘成中英著中國哲學中的方法詮釋學——非方法論的方法論，頁1。（同註㉗研討會之論文）
㉙任何思想的產生與當時作者的處境有關，任何思想的意義也離不開當時各種因素互動的關係情境，因此解析某一思想內涵時，解析者必須先釐清並熟悉那種關係情境，以保障解析的正確性，吾人謂之「解析情境」。

第二章　先秦名家的形成

第一節　正名思想的淵源

任何學說的發生都有其傳承性和相關性的因素，非憑空杜撰可成。先秦名家的形成也有其時代背景，和爲突破同時期某些思潮的限制、對既有理論的深化，而發展出不同型態的思想，進而成一家之言。其中，先秦儒家的「正名」思想對於名家就有根源性的影響。

在初民社會中，「名」具有某種神祕的功能，一般而言，名與實的差異並未有意識地被區別開，因而會將某物之名即視同該物之實，見某人之名如見其本人。如禮記・雜記：「過而舉君之諱則起，與君之諱同則稱字。」古代這種名諱的流行正說明了「名」的神祕性（註一）。此外，初民的卜筮行爲，以及代表天意之卜筮言辭的詮解，也都與「名」的神祕作用有關。

孔子的正名思想一方面承自傳統社會中對「名」的重視，另一方面也與古代「正名物」的思想有關。禮記、祭法：「黃帝正名百物以明民共財。」另爾雅．序云：「夫爾雅者，所以通詁訓之指歸，敍詩人之興詠，總絕代之離辭，辨同實而殊號……若乃可以博物不惑，多識于鳥獸草木之名者，莫近於爾雅。」（註二）孔子肯定周文價值，有心恢復周文舊觀，故論語、八佾有云：「周監二代，郁郁乎文哉！吾從周。」因此，「正名物」也成爲重要的一項工作。

孔子生處於春秋末期（西元前五五一—四七九年）（註三），爲周文沒落的時代，禮壞樂崩，社會秩序紊亂；當時許多思想家都企圖平治動亂的變局，孟子．滕文公篇云：「世衰道微，邪說暴行有作，臣弒其君者有之，子弒其父者有之，孔子懼，作春秋。」孔子爲挽救世衰道微的亂象、重整社會秩序而作春秋，而春秋之中亦含蘊著「正名」的思想，並有類似當今語法學和邏輯學的意味，如春秋僖公十有六年，有云：「霣石于宋，五。是月六鷁退飛，過宋都。」公羊傳云：「曷爲先言霣而後言石？霣石，記聞？……六鷁退飛，記見也。」董仲舒春秋繁露深察名號篇云：「春秋辨物之理，以正其名，名物如其真，不失秋毫之末，故名霣石則後其五，言退鷁則先其六。聖人之謹於正名如此。」其「正名」思想包含了由聽覺或視覺而來的邏輯思維程序，霣石記聞，退鷁記見，溫公頤說：「記聞根於聽覺：聞聲、視石、數五的邏輯順序是依於聽覺而得的思維程序。記見，是基於視覺：數六、察鳥、徐察，才見退飛，這是根於視覺所得的思維程序。」」(註四)可見其「名物如其真」的正名思想，已與人的認識過程有關，包含了動態的把握。在靜物方面，論語・雍也篇：「觚不觚，觚哉？觚哉？」則是對器物之實不符名的感嘆！

孔子有心發揚周文的精神價值，除「正名物」外，也特別强調「正名分」的思想。要以周文所重視的人倫關係，臻定社會秩序。莊子・天下篇有云：「春秋以道名分。」論語・顏淵篇中齊景公問政於孔子，孔子對曰：「君君，臣臣，父父，子子。」君臣父子的前一字爲名，後一字爲實，意即享君「名」者應有爲君之「實」，持臣「名」者亦應有爲臣之實，父子亦然。所謂「名分」即「居某名者應盡之義務與應享之權利」(註五)，各人守好自己名所是之分，使名實相符，並且論語・泰伯篇：「不在其位，不謀其政」，憲問篇：「君子思不出其位」的愼守其位，如此即可使社會建立統一的秩序。

孔子所體認之「名」乃具有周文實質內涵之「名」，亦即不論事物、器物、人物之「名」，皆依周文之「實」而立，以此來正春秋末期政治、生活上之種種亂名。然而周文的實質精神爲何？勞思光說：「周人建國，以制度爲重；於是一面封土建君，創立一種人爲的政治秩序，以代部落酋長式之自然的政治秩序；一方面立宗法制度，又將自然的血緣關係化入人爲的政治關係中……結果則透露一種以人爲主之思想趨勢」(註六)。因此，孔子所秉承的周文精神方向即：「肯定人之地位與價值」。欲以人倫之道德規範來指導政治，以「親親」之自然情感擴及於政治中君臣上下的關係，而上下之位的確立，及上下關係的維繫，首先就在於「正名」，以「正名」而「正政」。故當子路問孔子爲政之道時，他首先就提出「正名」。子路篇中子路曰：「衞君待子而爲政，子將奚先？」子曰：「必也正名乎！」子路曰：「有是哉，子之迂也！奚其正？」子曰：「野哉由也！君子於其所不知，蓋闕如也。名不正則言不順，言不順則事不成，事不成則禮樂不興，禮樂不興則刑罰不中，刑罰不中則民無所措手足。故君子名之必可言也，言之必可行也，君子於其言，無所苟而已矣。」從正名到民知措手足；從言到行，這乃是要以思想、概念的正確，來保障行爲、舉止的正當，其過程又特强調周文所特重之禮、樂，及維持政權、安定社會之刑罰。禮記．樂記：「樂者，天地之和也。禮者，天地之序也。和，故百姓皆化。序，故羣物皆別。」禮主秩序、樂主和諧，禮樂之所以能化、能別，並非僅言其形式，而是强調其如實的內蘊，如論語．陽貨篇：「禮云！禮云！玉帛云乎哉？樂云！樂云！鐘鼓云乎哉？」再者，國家法令都因於禮，荀子．勸學篇：「禮者，法之大分。」賞罰的目的也在維持社會的秩序，而社會的秩序有賴德智之君主明訂善惡之標準，何種行爲爲善？何種行爲爲惡？使善有善名、惡有惡名，兩者不相混雜，如此賞善罰惡，使善有善果、惡有惡報，百姓欲善畏罰，自然就確立了行爲的準據而知進退之宜。依此，以禮樂教化於事前、刑罰制裁於事後，政治上不再有侵權、越分之事，社會也就能安定有序了。此即孔子「正名」思想的內涵與作用。

孔子的正名思想，是經過一段相當長時期對名的自覺始能出現的，所謂對名的自覺，是不認爲名的自身即有其神祕性意義，名的價值乃是它所代表的實（註七），他意識到恢復周文之「實」，在於發揚周文之「名」；由於天下變亂起於名不正，因此必須正名。其大要可分析如下：

㈠名的產生乃是由執政者由上而下的制名、定名而成，此從前引禮記、論語中可見，其後荀子．正名篇亦云：「故王者之制名，名定而實辨，道行而志通，則愼率民而一焉。」

㈡正名的目的在「正政」，顏淵篇：「政者，正也」以正政來平撫天下之爭亂，重整社會之秩序。

㈢所正之名，雖含有言表之器物、事物之名，但實質上乃是以「名分」之「名」爲主，因正名分方爲正政之道。器物、事物之名乃隨「名分」而來，社會各階層所用之服飾、器皿，所遵之禮儀都有一定，不能僭越，故須名器相符、名事相符。

㈣其正名的方法，乃是由周文而來的應然理念以安頓實然之亂名、亂象；是用已定之名來正未定之實、或已亂之名，此乃循名責實之法。

㈤名的表達，已隱含與人的認識過程有關，此由前引春秋．公羊傳中可見。

基於相近的時代背景，名家的正名實與孔子的正名思想在求治的目的，以及正名的責任在君王這兩點上是相類似的，如鄧析子．無厚篇亦云：「循名責實、君之事也。」又云：

「治世，位不可越，職不可亂，百官有司，各務其形，上循名以督實，下奉教而不違。……可謂治世。」之後的公孫龍子。跡府篇有云：「公孫龍，六國時辯士也，疾名實之散亂，因資材之所長，爲守白之論……欲推是辯，以正名實而化天下焉。」又名實論云：「至矣哉，古之明王！審其名實，慎其所謂。」可見公孫龍正名實的思想同樣也是以平治天下爲目的。但他不僅正名，更要正實，由於涉及名、實兩方面的考究，於是引申至表達上「謂」的問題，而有更深入的探討。

此外，在㈠名的種類，㈡正的方法，及㈢對「實」的理解上，名家皆有更進一步的看法。㈠如尹文子・大道上，把名分爲三類：「一曰命物之名，方圓白黑是也；二曰毀譽之名，善惡貴賤是也；三曰況謂之名，愚賢愛憎是也。」此種分類包含了具體的、抽象的、相對之概念，雖然其中仍有混淆（註八），但已是把握對「名」之系統分類的新嘗試。並且尹文子也指出具體概念與抽象概念的關係，如大道上云：「好，則物之通稱，牛則物之定形，以通稱隨定形，不可窮極者也。」之後的公孫龍子亦云：「白馬非馬。」㈡在正的方法上，名家是先正實、再正名，如公孫龍子・名實論：「其正也，正其所實也，正其所實者也，正其名也。」名的定立是以實爲其內涵，因此正名必先正實。尹文子大道上亦云：「名生於方圓，則衆名得其所稱也。」當實已正、名已定之後，方可以名正形。大道上又云：「名也者，正形者也。形正由名，則名不可差。故仲尼曰：『必也正名乎，名不正則言不順也。』」此方法過程雖有分辨，但仍受孔子正名思想的影響，所以尹文子肯定正名分的重要，如其云：「名定則物不競，分明，則私不行。」又云：「失者，由名分混；得者，由名分察。」㈢在對實的理解方面，鄧析子肯定在正名之前已有一些認識的過程，且有理可循，如無厚篇云：「見其象，致其形；循其理，正其名。」惠施對於萬物的同異類別也有精微的比較，其歷物十事有云：「大同而與小同異，此之謂小同異；萬物畢同畢異，此之謂大同異。」此乃正實與正名的基本反省，公孫龍指物論：「物莫非指，而指非指」，更將認識作用及主、客關係加以分別，並對「實」有所界定，名實論云：「物以物其所物而不過焉，實也。」

總之，孔子正名思想與名家正名思想在淵源上相關，他們「如何成明君以治世」的目的（動機）亦可相通，但是對於治的方法、正的程序，對名、實的把握卻大不相同；所以孔子的正名，雖爲名家興起的現實機緣，但並不是它的本質（註九）。儒家的正名建立在周文之「禮」上，以禮的儀文及精神來正名位的尊卑，而名家卻偏重在「理」上，以邏輯論辨之理來說明名實之不可混（註十）。名家並非以周文而來之名作爲「正」的基本標準，其探討對象亦不僅限於倫理、政治上的名分問題爲主，而是廣泛深入地探討人的認識、思維與表達等問題，對象擴及天地萬物；因此，荀子・非十二子篇就對名家有如下的批評：「不法先王，不是禮義，而好治怪說，玩琦辭，甚察而不惠，辯而無用；多事而寡功，不可以爲治綱紀；

然而其持之有故，其言之成理，足以欺惑愚衆，是惠施、鄧析也。」牟宗三說：「琦辭怪說雖爲不好的評估，但若它之爲琦辭怪說只是對著一般人而言，而客觀地仍有所當，那麼它之爲琦辭怪說就不一定壞。……而名家的道理大多是可理解的，琦辭怪說也有它的客觀價值。」（註十一）名家詳密析辭論理的方式雖有異於儒家，荀子也不得不承認他們是「持之有故、言之成理」了！

故，名家之正名實雖有所淵源於孔子正名思想，但其理論內涵却是大異其趣的。

第二節　無名思想的轉化

孔子的正名思想基於對「人之地位與價值」的肯定，因而以回復周文之實質精神爲平治爭亂的努力方向。而老子的「無名」思想則是以形上的觀點，來反省批判周文的有效性，進而企圖超越「以人爲中心」的思考方式（註十二）來尋求化解之道。

周人行宗法封建之制，以血緣爲其聯屬，特重「禮」之整治，如禮記・曲禮上云：「夫禮者，所以定親疏，決嫌疑，別同異，明是非也。……道德仁義，非禮不成；教訓正俗，非禮不備；公爭辯訟，非禮不決；君臣上下，父子兄弟，非禮不定。」由此顯見「禮」在周文中之重要性，道德仁義皆有賴於「禮」。然而老子却有完全不同的看法，老子・十八章：

「大道廢，有仁義。」十九章：「絕仁棄義，民復孝慈」卅八章：「故失道而後德，失德而後仁，失仁而後義，失義而後禮。失禮者，忠信之薄，而亂之首。」老子爲何如此强烈抨擊周文認爲治理有效的「禮」爲「忠信之薄而亂之首」呢？一方面，在老子那時代，「禮」已演爲繁文縟節，拘鎖人心，同時爲爭權者所盜用，成爲剽竊名位的工具（註十三），是人用之失當。另一方面，他也對此一現象的發展有所洞悉，而試圖從根本上切斷此一發展之發生之源。此一亂源即人自以爲是的巧智，如老子．十八章有云：「智慧出，有大僞。」六十五章亦云：「民之難治，以其智多，故以智治國，國之賊，不以智治國，國之福。」十九章則云：「絕聖棄智，民利百倍。」「禮」之爲亂之首，及仁義德行的强調即來自人心有爲的巧智，故老子否定其價值，因而卅八章云：「上德不德，是以有德；下德不失德，是以無德；上德無爲而無以爲，下德爲之而有以爲。上仁爲之而無以爲，上義爲之而有以爲，上禮爲之而莫之應，則攘臂而扔之。」老子的上德不以善德爲德，超越一切源於巧智的相對名目，要人們放棄有爲造作的倫理；其上德乃是純粹自然，一片天真，如五十五章云：「含德之厚，比於赤子。」羅光教授說：「上德是對於『道』的本體的直覺。」（註十四）仁、義、禮等，在老子眼中皆爲守道者所不取，其因就在於巧智者欠缺這種直覺，未能有「知常曰明」之知（註十五），故十六章云：「不知常，妄作凶。」老子否定了禮，絕棄了仁義，指出周文的弊病，而重新由「道」的觀點出發。

何謂「道」？道的原始意義是指人所行的道路；乃面之所向與行之所達之塗，故其本義作「所行道也」(註十六)。老子的「道」則含蘊著更豐富的意涵，它是萬物的根源，先在於一切，它能運行不息、無所不至地徧在萬物，並且是無聲無形不可名狀者。如老子廿五章所云：「有物混成，先天地生，寂兮寥兮，獨立而不改，周行而不殆，可以爲天下母；吾不知其名，字之曰道。」此「道」與萬物的關係密切，萬物皆由「道」所生，無物不由「道」所成，故其內在於萬物。另一方面「道」又不受時、空的限制，不受萬物具體形態的侷限，而具有超越性。如卅四章所云：「大道氾兮，其可左右，萬物恃之以生而不辭。」第四章亦云：「道沖而用之，或不盈。淵兮似萬物之宗，吾不知誰之子，象帝之先。」因此，李震教授歸結「道」的性質包括了：本根性、先在性、普遍性、內在性、超越性及類比性，指出「道」是最根本而又普遍的概念，無所不在，內在一切並超越萬有；且「道」在指稱不同的東西時，一方面指出它們的共同點或通性；另一方面「道」並不抹煞所指稱東西之間的不同或差別，而具類比性的特徵(註十七)。就萬物的變化而言，「道」也是經驗世界恃之而形成的規律，此規律偏於萬物而無終止(註十八)。再者，老子的「道」不僅是天地變化之道，也是人生之道，其所顯現的種種內涵，如：自然無爲、致虛守靜、生而不有、爲而不恃、長而不宰、柔弱、不爭、居下……等皆可爲人生所取法(註十九)。

從「道」的觀點來看，與人事、生活密切相關的「名」與「知」，其作用是非常有限的。老子第一章：「道可道，非常道；名可名，非常名。」十四章：「視之不見名曰夷，聽之不聞名曰希，搏之不得名曰微，此三者不可致詰，故混而爲一。」廿一章：「道之爲物，惟恍惟惚」廿五章：「吾不知其名，字之曰道，强爲之名曰大。」由於「名」含有限定的作用，一旦有所名即將所認識的對象固定住；然而，萬物是變動不居的，「道」是周行不殆的，更不能被限制，故不能有名，即使人制定了名去稱呼它，也只是不得已的勉强爲之。對象物並不會因「名」而改變其本質，因此，「名」是代表「實」的符號，並不等同於實。莊子逍遙遊：「名者，實之賓也。」人間世：「德蕩乎名，知出乎爭，名也者相軋也，知也者，爭之器也。」依此，「名」的作用不僅有限，甚至還會導致人事上的負面效果，使人執名爲實、因名失實。

在認識的過程中，「名」透過「知」而名，「知」藉由「名」而知，「知」既是有限的，「知」也是不完全的。老子書中的「知」可分爲真知與巧智（註廿），真知乃知常、知道之「知」，巧智則爲前述十八章中「智慧出，有大僞」的仁、義、禮之智慧，或權謀詭計之小智。老子對「知」的態度是：斥巧智，求真知；大僞出於巧智，真知乃「明」。何謂「明」？「知常曰明」。何謂「常」？「復命曰常」；亦即回歸本原，復歸本性爲「常」（註廿一）。如何「明」？卅三章：「自知者明」。由於老子求真知所知的對象是「道」，但「道」以「對象」稱之並不恰當，因「道」無時不存、無所不在，不僅認識的對象有

「道」，認識的主體、認識作用中亦含有「道」，因此，老子主張「道」的認知，在已身之內即可獲得，四十七章：「不出戶，知天下；不闚牖，見天道。其出彌遠，其知彌少。」因此，求「道」的知識不需往外面或外在事物上尋找，即可有所得；反之，若往外尋「道」，則易迷失，因十二章云：「五色令人目盲，五音令人耳聾，五味令人口爽，馳騁畋獵，令人心發狂；難得之貨，令人行妨。」如此，則人離「道」愈遠，更不易知「道」了（註廿二）。

然而這種求諸已的真知，對「道」而言仍非盡知，仍不可名，四十一章云：「道隱無名」，卅二章：「道常無名」；如此，真知卻「無名」，但「無名」如何顯真知？此即在於「知止」，卅二章又云：「始制有名，名亦既有，夫亦將知止，知止可以不殆。」在不得已、強爲之「名」後，必須適可而止。老子「無名」的思想並非「不名」或完全棄絕「名」的使用，而是必須清楚「名」的代表性與限制性，因「無」含有「非」的作用，在有名之後再否定掉對「名」的執著，以呈現「常道」「常名」的真知境界。這也是順乎「道」運行的規律，即四十章所云：「反者，道之動」中的「反」，「知止」即「反」的起點。「無名」所蘊含之「非」、「反」方法上之否定，雖可破除名、象的執著，返歸於無限本體的境界，但「道」之整體仍不得全知，因人畢竟是有限的。故七十一章云：「知不知，上；不知『不知』病；聖人不病，以其病病；夫唯病病，是以不病。」（註廿三）由此可見，知已之有限，知己之無知，方爲真知。也唯有超越「以人爲中心」的思考方式，才能發現人之有限。

有限的人面對超越的「道」，應順乎自然，以道爲法，如廿五章：「人法地、地法天、天法道、道法自然。」「道」的律動爲「反」，因此人的思想、言行皆應循「反」而動，故七十八章有：「正言若反」，四十二章有：「不言之教，無爲之益」。卅七章更明白指出：「道常無爲而無不爲；侯王若能守之，萬物將自化。」老子「無名」的思想就是在「道」的觀點下，在無爲、無知、不言的思想脈絡中呈現其意義，並對先秦名家的思想有所轉化。

所謂「轉化」，是指某思想對另一思想之影響，爲一激盪的因素，或助緣，兩者有所同、更有所不同，所同的在於依之而轉；轉而後化，則有所不同。老子「無名」的相關思想對名家的影響，較偏向於思想方法及表達方式的轉化，可分由下面幾個層次析論：

一、「道」整體之宏觀宇宙觀

此開闊之宏觀，使思想的範圍及對象不致侷限於周文政治、倫理的傳統窠臼，而隱示著其他無限可能探索之領域。就此而言，名家思想能有獨樹一格之特殊思考方式或表達型態，老子的宇宙觀應爲重要之激盪因素。鄧析之無厚、轉辭之論，尹文之大道篇，惠施之歷物、公孫龍之指物、名實之論等皆與此相關。如惠施之「至大無外，謂之大一，至小無內，謂之小一。」即企圖對宇宙之整體作邏輯之界定，乃至最後有「泛愛萬物，天地一體」之結論。另尹文子之「大道無形，稱器有名」及「大道不稱，衆有必名」，此對「道」與「萬物」兩範疇的劃分，以作爲思考的初步分析，亦預設了「一」的整體。因此可解何以鄧析子曰：「明君審一，萬物自定」（註廿四）。而公孫龍子．通變論中「二無一」的論題，所探討「整體與部分在認識與表達中的關係」之相關思考，亦可視爲源於宏觀中之微觀。

二、知「道」方法之轉化

老子知「道」有：「不出戶、闚牖、不見而明」「自知者明」「虛靜以觀、知常曰明、容、公、全、天」等等（註廿五），並且否定感官有把握事物本質的能力，而有「目盲、耳聾、口爽」及「視不見、聽不聞、搏不得」之說（註廿六）。漢志所列名家第一人之鄧析，其無厚篇有云：「夫自見之，明；借人見之，闇也；自聞之，聰；借人聞之，聾也。」「誠聽能聞于無聲，視能見于無形，計能規于未兆，慮能防于未然；斯無他也，不以耳聽則通于無聲矣，不以目視，則照於無形矣，不以心計，則達于無兆矣，不以智慮，則合于未然矣。」又云：「守虛責實而萬事畢。」轉辭篇有云：「視于無有，則得其所見，聽于無聲，則得其所聞，故無形者，有形之本，無聲者，有聲之母。」另尹文子大道下，更直接引用老子．五十七章曰：「以正治國，以奇用兵，以無事取天下。」由此可見老子對鄧、尹二子之影響。

三、「無名」「無知」「不言」「無爲」之否定性方法轉化

老子書中許多否定性語詞：非、不、無等，皆爲表達其思想的方法，此法在否定性中仍

含有肯定性作用，如「道可道，非常道；名可名，非常名」（一章），「道隱無名」（四十一章），「明白四達，能無知乎？」（十章），「不言之教」（二、四十三章），「不言而善應」（七十三章），「爲無爲」（三、六十三章），「無爲而無不爲」（四十八、卅七章）。其中非、不、無等一方面否定了對象的可言說、有所爲之內涵；另一方面，則肯定對象在言說、行爲之外的性質。說其不可說，仍有所說，畢竟老子也用五千言說明了不可說之「道」的種種，是真有所表達，正如其十四章所云：「是謂無狀之狀，無物之象」。是故，非、不、無等，仍指出了「非非」「不不」「無無」之境；這種否定性中帶有肯定性的表達方式，在名家著作中亦屢屢可見。諸如鄧析子無厚篇所云：「夫達道者，無知之道也，無能之道也；是知大道，不知而中，不能而成，無有而足。」「意無賢，慮無忠，行無道，言虛如受實，萬事畢。」尹文子．大道上云：「道用，則無爲而自治。」再者，惠施的歷物十事以「無外」「無內」說明「至大」「至小」，用「無厚」界定「小一」，用「不可積」說明「無厚」等，皆是老子否定性方法之運用。此外，公孫龍子的指物論：「物莫非指，而指非指」「指非非指也，指與物非指也。」、「天下有指無物指，誰徑謂非指？徑謂無物非指？」儘管「而指非指」，但公孫龍畢竟用兩百多字的指物論，指出了「物莫非指」的道理，當然，其中使用了近四十個「非」「無」的字眼，也與老子否定性之方法有關，且有更複雜之應用（註廿七）。

四、「有無相生、正反相成」之對比性方法轉化

老子思想常以相對之概念呈現，說明相反相因的道理，如「美、惡，善、不善，有、無，難、易，長、短，高、下，音、聲，前、後」（二章）「禍、福，正、奇，善、妖」（五十八章）「反者，道之動，弱者，道之用，天下萬物生於有，有生於無。」（四十章）此「有無相生、正反相成」之理，與其整體宇宙觀——合乃有分，雖分必合，以及「道」之律動規則——反乃有往，雖往必反，和表達上否定性方法——是乃有非，雖非有是等等都是同一理論系統，此種對比性方法、相對性概念，亦可見於名家思想。如鄧析的「兩可之說」，晉魯勝「墨辯注敍」解釋說：「是有不是，可有不可，是名兩可。」晉書・隱逸傳所謂「兩可」之說，從鄧析的某些遺聞舊事來看，大約是指同時斷定事物正反兩面的性質，或對反映事物正反兩面性質的矛盾判斷同時予以肯定（註廿八）。此「兩可」之說即為老子對比性方法之轉化；另今本鄧析子・無厚篇也有「忠言于不忠，義生于不義。」轉辭篇有「怒出于不怒，為出于不為」之說。尹文則有「專用聰明，則功不成；專用晦昧，則事必悖，一明一晦，衆之所載。」（意林引）此亦不離老子正反相成之論。此外，惠施的「天與地卑，山與澤平，日方中方睨，物方生方死」等歷物之意，則是鄧析「兩可」之說的發展（註廿九），亦可視為老子對比性方法之轉化，故荀子・儒效篇將惠施、鄧析相提並論，同評為：「不恤是非，然不然之情。」至於公孫龍，莊子・秋水篇中龍亦自云：「然不然，可不

可。」

綜上所述，老子「無名」思想的確對名家思想有所轉化；同時，名家對老子的思想也有相當深入的反省，進而開出自家的風格。㈠老子以「道」爲本的整體宇宙觀，展示了其他方式思考、探討之可能性，從「以人爲中心」或「不以人爲中心」的不同思考型態，觸發了名家對人與人或人與萬物之主、客，己、他的相對分別（註卅）進而有名家對「人如何認識、表達萬物」此一問題的探究。㈡由於人對「道」乃「無知」「無名」，而此不可言說之「道」又偏在萬物，若不走道家虛靜內修之路，「人是否可以完全認識、表達事物」此一問題亦含蘊在名家思想中，爲名家走出邏輯析理路向的轉折點。㈢倘若人畢竟有限，對事物無法盡知全表，那麼，人對不全之『知』、有限之『名』的態度爲何？名家對此亦有所省思（註卅一），而開出其異於傳統型態的「名實」思想，但由於新型態的思想，仍須使用傳統文字，及受限於舊有之表達方式，因而造成名家思想在表達上，有所謂「苛察繳繞」（史記自序）及「鉤鈲析亂」（漢書藝文志）的情形出現。名家的「新」與老子「無名」思想有密切的關係，但名家之成「家」，仍有其獨特之內涵。

第三節　立名思想的訾應

晉魯勝・墨辯注序云：「墨子著書，作辯經以立名本。」依此，所謂「立名」思想即指墨子有關「名學」的思想。墨家的始祖墨翟，爲戰國時代魯人。據孫詒讓的墨子年表，墨子的生卒約在周定王元年（西元前四六八年）至周安王廿六年（西元前三七六年）之間（註卅二），其生活年代略後于孔子而先于孟子（註卅三）。

漢書藝文志列墨子七十一篇，現存者僅有五十三篇，其中經上、經下、經說上、經說下、大取、小取六篇，爲墨子「名學」主要思想，又稱爲「墨辯」。方授楚認爲此六篇均爲墨家後學所著（註卅四），嚴靈峯教授認爲經上、經下爲墨翟自撰，因㈠此經不稱「子墨子曰」；㈡爲辭類定義之體，與墨子思想相合；㈢晉書魯勝傳有云其「作辯經以立名本」；㈣莊子・天下篇有云墨子後學「俱誦墨經」（註卅五）。李漁叔則强調魯勝是晉初人，其所聞見，自必遠較後世爲詳，而其墨辯注序有云：「墨辯有上下經，經各有說，凡四篇。」故經上下及經說上下四篇當爲墨子自著，或至少亦係及門弟子承講授者所記錄而成（註卅六）。方孝博則主張，經上下、經說上下以及大取、小取這六篇文字既是墨翟和他的門人後學集體的著作，又是在較長時期中不斷研究增益組織加工而成的，總的說來，寫作年代應在西元前四百多年到二百四十年之間（註卅七）。此說大致綜合了上述各種不同之看法；倘若此說不差，則墨辯成書的年代也正是名家惠施、尹文子、公孫龍子活動立說的時期（註卅八），而墨家的立名思想也正在這個階段與名家有所交會呰應（註卅九），爲名家思想形成之一大觸因。

墨子之教，曰智與愛（註四十）。墨子思想的基本問題與孔、老及先秦諸子是共同的，同樣是在面對周文之疲弊，而謀重新改造，圖救亂世之局，以改善社會生活（註四十一）。故倡「兼相愛、交相利」之說，其書諸篇如兼愛、非攻、天志等，皆直接或間接論及教愛之言。而教智之學則主要在於墨辯六篇，六篇中除補充墨子兼愛相關理論外，有涉及初步科學技術者，有涉及邏輯、認識論問題者，其中又以後者對名家的影響最大。以下先論墨辯之立名思想，次析論名墨呰應的情形。

甲、墨辯「立名」思想

一、名的形成

戰國時期名實散亂爲一普遍現象，墨子的「立名」亦爲對治之法，但不同於孔子之「正名」與老子之「無名」，其「立名」是以認識論上的探討，確立「名」的根據。依經上的思想，認識必須經由感官的知覺能力，經上云：「知，材也。」經說上：「知材，知也者，所以知也，而必知，若明。」知材是吾人恃之以認識事物的本能，人之所以能知，乃須透過人天生的知覺官能，如目視、耳聞、口嚐、鼻嗅、手撫等，以達認識結果，如目視之明，得其所見。這裡對於認識的思考，是由認識的主體開始，先肯定人有感覺認識的能力，而認識的結果也是在認識的主體之內。

但知識並非在己之內的認識，而必須與外界有所接觸，故經上又云：「知：接也。」經說上：「知，知也者，以其知過物而能貌之，若見。」亦即感官能力須與外界的客觀事物有所接觸，如看到、聽到、嚐到、嗅到、摸到等，不僅有所接觸，並且還能保持印象，歷久不忘，回憶起來就如看見一般。這是講知的過程，已有主客之分、內外之別；且「貌物」已顯示了概念的形成。

但人認知能力並非全然被動地由外物之刺激而發生作用，其中也包含著認識主體心思慮求的主動企圖，故經上又云：「慮，求也。」經說上：「慮，慮也者，以其知有求也，而不必得之，若睨。」此表明「慮」在認識過程中的能動作用（註四十二），有心思動機、感官能力，方能有所知見，倘若兩者未能配合，或僅是無意的一瞥，則未必能得知事物。

主動的心志作用爲「恕」，經上云：「恕，明也。」經說上：「恕，恕也者，以其知論物，而其知之也者，若明。」「恕」是感覺之知以上的「統合與推理」的官能，能將外在官能的感覺認識更進一步的理解、判斷、連繫、綜合與推理（註四十三），這種認識結果可更深一層地明白事理。

由上述可知，名的形成就是在肯定人有認識能力（知材）的前提下，透過慮求、接知、貌物的認識過程所得到的概念，此概念也是「恕明」推理、判斷等思考作用必須依賴的基本單元。

二、名的本質

名，有謂「實」的功能，小取云：「以名舉實。」又經上云：「舉，擬實也。」經說上：「告以文名，舉彼實也。」「以名舉實」就是以文飾之圖象、符號以擬表所謂之物，經說上有云：「所以謂，名也；所謂，實也。」亦即所謂者稱爲「實」；此「實」一方面爲事物客觀之性質，另一方面亦爲認識主體「恕」所把握，因此，依其所謂「實」可以指個體事物，亦可概括個體之類，或其他抽象之事理（註四十四）。

以名謂實的目的在於表達，意即有所「言」，經上云：「言，出舉也。」經說上：「故言也者，諸口能之出名（民）者也，名（民）若畫俿也。言也，謂言由（猶）名（石）致也。」（註四十五）這是「以名擬實」的活動，「名」的作用如畫虎一般，要在腦海中圖繪出客觀事物的實質，經由口說出來，而「言」乃由「名」所組成，言的表達作用是從名所謂實的意義構成。

名不僅限於指涉事物的專名，亦能從「言」的意義組合而有指涉整體事態的作用。如經上云：「信，言合於意也。」經說上：「信，不以其言之當也，使人視城得金。」其中，人、城、金等名各有所指，而「使人視城得金」之言，則為描述一檢證「是否言而有信」的事態，進而知「信」的意義。

因此，從名以謂實的作用可確立「名」的本質為指涉性，「名」為代表「實」的符號或圖象，它蘊含著「實」的意義，但並不等同於「實」。就其為代表符號而言，「名」亦含有一約定性。「名」雖然可以幫助吾人對於「實」的認識，但「實」的內涵並非由名來決定。亦即名是實的認識條件，而實則是名成立的根據。故大取云：「名，實名。實，不必名。」（註四十六）名以舉實，故為實名，但實不必待名而立，倒是「立名」有待於「實」。

三、名的類別

墨子把名分別為三類，經上云：「名：達、類、私。」經說上：「名：物，達也，有實必待文多也命之。馬，類也，若實也者，必以是名也命之。臧，私也，是名也，止於是實也。」名分為達名、類名、私名。達名是指萬物之通名，即荀子．正名篇所謂的「大共名」，乃綜合各類名而成，為最普遍的全類概念，如：物。此達名凡存有者可謂之。類名是同類之物的共名，即荀子所謂之「大別名」，乃達名之外的普遍概念，如：馬。此類名包含各種、各色之馬。私名則為獨一無二的個體之名，為該個體所專有，如「臧」為某奴僕之名，此名為其人所專有，此名唯與此實相應，故曰：「是名也，止於是實也。」以上，是以

「名」的概括性作爲分類的標準。

此外，在感知與否的條件下，名或類似名之語文項目亦可區分爲：形貌之名與非形貌之名。前者是以可感知的對象，爲名之所指；後者則是以非感知的事物爲名之所對（註四十七）。大取云：「以形貌命者，必智是之某也，焉智某也。不可以形貌命者，唯不智是之某也，智某可也。」又云：「諸以形貌命者，若山、丘、室、廟皆是也。」這裡，以形貌命者，指具體概念，這種概念所指之物，有形貌可察而易知，如山、丘、室、廟等概念。而不以形貌命者，則爲抽象概念，這種概念是概括事物性質和關係的（註四十八），雖不像具形貌之對象那樣具體、確定，但仍是可以了解的。而性質之名與關係之名又有所分別，如大取云：「苟是石也白，敗是石也，盡與白同，是石也惟大，不與大同，是有便謂焉也。」此以白石爲例，「白」爲石之性質，滲盈於全石，即使碎之，其每一部分仍是石、仍爲白。但稱此白石爲「大」，則是就此石與彼石相對關係的比較而言，「大」並非此石本有之性質，故曰「不與大同」，這種大、小、多、少等名乃是由於主觀之比較、取擇而得，故所使用之名只是方便之謂。

以上性質之名、關係之名，形貌之名、非形貌之名及達名、類名、私名，即墨辯中「名」的分類。

四、名的意義

名的意義，除以名舉實之「實」爲其意義來源外，以名謂實的表達者，其「謂」的意向也是決定意義的因素。經上論及同異的意義，其中「重同」經說上云：「二名一實，重同也」，由於名有約定性，因此會由於約定的不同而有二名一實、一名二實的情形出現，經下有云：「物盡同名」，亦論及「異意同辭」或「實異而名偶同」的類似情形（註四十九）。那麼，如何確立名在表達中的意義呢？經上云：「謂：移、舉、加。」經說上：「謂，命狗犬，移也。狗、犬，舉也。叱狗，加也。」（註五十）「謂」可分爲三種：「移」是以此名命彼名，如以「犬」之命狗名，即以此語文項目移謂彼語文項目的稱謂方式。「舉」小取所謂的「以名舉實」，即以狗犬之名舉狗犬之實，如云：「孰爲狗，孰爲犬。」這是由語文項目指謂實在項目之名謂方式。「加」則是主觀感受附加於客觀對象上的稱謂方式，如「叱狗」，其所指不僅謂狗，於狗之外，尚有一「叱」之意在（註五十一）。由此可見，同一名，在不同的情況下，其所謂可以是「名」、是「實」或主觀的情緒、評價等。因此，欲了解「名」的意義必須考慮這些因素。

此外，語句脈絡也是確立名謂意義的重要因素。經下：「通意後對，說在不知其誰謂也。」經說下：「通，問者曰：子知羈乎？應之曰：羈，何謂也？彼曰：羈施。則智之。若不問羈何謂，徑應以弗智，則過。」此即說明人在問答時，必須通達其意，然後再與之應對，而通達其意則需要語詞或語句脈絡的輔助，如有人問：「你知道羈嗎？」那就須追問：「是什麼羈？」他告訴你：「羈旅。」（客旅），如此即可知其名之意義（註五十二）。

綜合上述，名之意義，除須就名之爲擬實的作用，由認識上其所謂之「實」或從某「名」之定義、界說加以確定外，還須配合表達時的情境之「謂」，或該名所出現之脈絡，如此方可確立名的意義。

五、正名

由於立名有在於「實」，因此正名亦在於「以實正名」，倘有名不符實者，謂之「過名」，經下：「或，過名也，說在實。」經說下：「或，知是之非此也，有知是之不在此也；然而謂此南北，過，而以已爲然，始也謂此南方，故今也謂此南方。」此肯定了「實」的變化，「實」若已變，而名未隨之改變，則成過錯之名，而令人迷惑，如尋常所稱之南北，當過北，則北已成南；過南，則南已成北，如此則不宜再以原有南、北之名稱之（註五十三），此即循實以正名。

墨家主張「實」是不依賴思維而獨立存在於客觀的現實，並先於思維而存在（註五十四），大取云：「名，實名；實不必名。」是先有其實，後有其名，以實正名就在於根據事物的實情，使名復得其正。大取云：「復次察聲端名，因情復正。」經說上：「聲出口，俱有名。」名出於表達者之口，然其名是否正確，即在於該名是否符合其實，而這種符合的關係又有幾種不同的情形，墨子以「彼」「此」兩概念來說明名與實、名與名、實與實的分別。經下云：「彼此，彼此，與彼此同，說在異。」（註五十五）經說下云：「彼，正名者，彼此、彼此，可。彼彼止於彼，此此止於此，彼此不可。彼且此也，彼此亦可。……」

㈠正名者循實立名，設以實爲「彼」，以名爲「此」，則謂彼爲此，可也。如：謂犬爲狗可也。故曰：「正名者，彼此、彼此，可。」

㈡設有二名，彼名止於彼實，此名止於此實，則謂彼爲此，不可也。如：牛是牛，馬是馬，則謂牛爲馬，不可也。故曰：「彼彼止於彼，此此止於此，彼此不可。」

㈢設有二實，彼此有類屬包含的關係，彼爲彼且爲此，則謂彼爲此亦可。如：白馬爲白馬且爲馬，則謂白馬爲馬亦可。故曰：「彼且此也，彼此亦可。」

由此可見，以名謂實，在於循實以正名。此外，另有一類屬道德意義、或其名之實爲可實踐者，當其名已立，則可「以名察實」爲正名之法。如非攻下云：「是有譽義之名而不察其實也。」如何以名察實？貴義篇指出：「今瞽者曰：『皚（鉅）者白也，黔者黑也。』雖明目者無以易之。兼白黑，使瞽者取焉，不能知也。故我曰：『瞽不知白黑者，非以其名也，以其取也。今天下之君子之名仁也，雖禹湯無以易之。兼仁與不仁，而使天下之君子取焉，不能知也；故我曰：『天下之君子不知仁者，非以其名也，亦以其取也。』』」此顯示：人雖用其名，然未必知其實；是否知其實，應以其行爲來判定。經上論及知之相關概念有：

「名、實、合、為」（註五十六），其中最後一項即強調行為的重要，因志蘊於心，行必見於事，故以名察實之法即在於觀察用名之人是否有如實之行為表現。

總之，墨子正名在「以實正名，以名察實」。

乙、墨、名的訾應

若將儒、道、墨三家對名家的影響作一概略的比較，孔子的「正名」偏重在思想動機與目的上，老子的「無名」偏重在思考方式與方法上，墨子的「立名」則偏重在思想內容與取材上了。墨、名皆探討許多相類似的命題，如同異、堅白、名謂……等問題，彼此的訾應有時站在相反的論調，有時則又處於相同的立場，各有高下，對於先秦名家思想的形成，有十分重要的影響，現分別就公孫龍、惠施、尹文與墨辯思想之訾應，析論如下：

一、墨辯與公孫龍子

1. 白馬論

小取曰：「白馬，馬也。乘白馬，乘馬也。驪馬，馬也，乘驪馬，乘馬也。」此乃由經說下「彼且此也，彼此亦可」的原則而來，採約定俗成之日常用語觀點而論，而公孫龍子則以色、形之異為其論點。其白馬論云：「白馬非馬，可乎？曰：可。曰：何哉？曰：馬者所以命形也，白者，所以命色也，命色者非命形也，故曰：白馬非馬。」

此顯然與墨辯「白馬，馬也」之論相反；但詳究之，「白馬」與「馬」既然可以「彼」、「此」之名稱之，則其「實」，必然有所別異。而公孫龍「白馬非馬」之「非」正是不等、異於之意。鄧析無厚篇云：「故談者別殊類，使不相害，序異端，使不相亂，諭志通意，非務相乖也。」因而有公孫龍「白馬非馬」之析論。

2. 指物論

從墨辯「名」的本質為「指涉性」而言，名為實的認識條件，則凡物皆須透過名的指涉方有所知，故公孫龍指物論有云：「物莫非指。」其「指」正含有「概念」之意。

另從墨辯「名」的本質為「約定性」而言，「實」雖為「名」成立的根據，但「名」不等同於「實」，故指物論又云：「而指非指。」公孫龍認為「實」來自「物」，為客觀存在的「有」，而「名」來自「指」，為主觀概念的「無」，故指物論云：「指也者，天下之所無也；物也者，天下之所有也；以天下之所有，為天下之所無，未可。」而有進一步的理論伸展。

但經下云：「有指於二而不可逃，說在以二絫。」又云：「所知而弗能指，說在春也、逃臣、狗犬、遺者。」顯示雖有所不能指，但無害於知，不能以此推翻「有指可知」之事（註五十七）。故對「指」之作用仍持肯定的態度。而指物論云：「且夫指固自為非指，奚待於物而乃與為指？」公孫龍對「指」的作用則較傾向懷疑的態度，此又為兩者之不同。

3. 通變論

經下云：「一，偏棄之，謂而固是也，說在因。」經說下：「二，與一亡，不與一在，偏去未，有文實也，而後謂之，無文實也，則無謂也。」此與通變論所云：「二有一乎？曰：二無一。」之理相同；「二」的名在成立時雖與「一」相關，但在該名成立之後，則與「一」無涉，爲獨立謂「二」實之概念。

經下云：「狂舉不可以知異，說在有不可。」經說下：「狂，牛與馬惟異，以牛有齒、馬有尾，說牛之非馬也，不可。是俱有、不偏有、偏無有。曰之與馬不類，用牛有角、馬無角，是類之不同也。若舉牛有角、馬無角，以是爲類之不同也，是狂舉也；猶牛有齒、馬有尾。」（註五十八）「狂舉」就此例而言有兩種情況：⑴狂舉不可知異物。如牛、馬爲異物，則不可用兩物之共有特徵，作爲區別的根據。因牛、馬皆有齒、有尾，而應用兩物之相異特徵：有角、無角加以區別。⑵狂舉不可知異類。如：牛、馬同爲獸類，則又不可以同中之異的有角、無角，而忽略它們同屬一類的其他特質，而證牛或馬非獸類。由此可見，即使同爲「類」概念，仍有等級的不同，正、狂之舉乃視其是否對應其「類」之論域而定。公孫龍子．通變論中也有相似之思想：「羊與牛唯異，羊有齒、牛無齒，而牛之非羊也，羊之非牛也，未可；是不俱有，而或類焉。羊有角、牛有角，牛之而羊也，羊之而牛也，未可，是俱有，而類之不同也。」

此外，通變論中還有其他「正舉」「狂舉」之例，可見墨辯與公孫龍思想的密切關聯。

4.堅白論

墨經上：「堅白，不相外也。」經說上：「於石(尺)無所往而不得，得二，(堅)異處不相盈，相非，是相外也。」(註五十九)又經下云：「於一，有知焉，有不知焉，說在存。」經說下：「於石，一也。堅白，二也，而在石，故有智焉，有不智焉，可。」此正符合公孫龍子堅白論中客難的論點：「得其所白，不可謂無白，得其所堅，不可謂無堅，而之石也之於然也，非三也？」公孫龍則主張：「視不得其所堅而得其所白者，無堅也。拊不得其所白而得其所堅，無白也。」

又經下云：「不堅白，說在無久與宇，堅白，說在因」(註六十)經說下：「無堅得白，必相盈也。」此即通變論中客難所謂「其白也，其堅也，而石必得以相盈，其自藏奈何？」的論點。公孫龍子答客難曰：「得其白、得其堅，見與不見與不見離，一一不相盈，故離，離也者，藏也。」由此可見「堅白」問題在墨辯與公孫龍子相對辔應的激烈。

5.名實論

「名」有約定性，但以名謂實之「謂」則常隨表達者觀念的轉換而有「同名異謂」或「異名同謂」的情形出現，故公孫龍强調「唯謂」的思想，亦即一名專用於一實，其名實論云：「其名正則唯乎彼此焉，謂彼而彼不唯乎彼，則彼謂不行。謂此，而此不唯乎此，則此謂不行。」墨經則指出這種「唯謂」若不守「名」的約定性，彼有彼之謂，我有我之謂，而成任意的「獨謂」，導致各說各話，各是其是，則反而不可。故經下云：「唯吾謂，非名也，則不可，說在仮。」經說下：「惟，謂是霍可，而猶之非夫霍也，謂『彼是』是也，不可。謂者毋惟乎其謂，彼猶惟乎其謂，則吾謂不行，彼若不惟其謂，則不行也。」

就正名思想而言，名實論云：「夫名，實謂也；知此之非此也，知此之不在此也，則不謂也。知彼之非彼也，知彼之不在彼也，則不謂也。」此從物實與變化的觀點强調一名一實的對應性，若「實」有所「非」或「不在」時，則不可謂。墨經下則從概念的類屬包含關係上指出，「實」即使有所「非」亦可謂。經說下：「彼，正名者，彼此、彼此，可。彼彼止於彼，此此止於此，彼此不可。彼且此也，彼此亦可。」由於「彼且此也，彼此亦可」故允許「白馬是馬」，公孫龍則以「白馬之實」非「馬之實」，故曰「白馬非馬」。

二、墨辯與歷物之意

1. 論時空的認識

經上云：「久：彌異時也。宇：彌異所也。」經說上：「久，古今旦莫。宇，東西家南北。」淮南子齊俗訓亦云：「往古來今謂之宙，四方上下謂之宇。」墨經中的「久」即「宙」、即綿延不絕的時間，宇即可無限延伸的空間。惠施歷物之意在探討「天地萬物之整體」的問題上，進一步以無內、無外說明宇宙的無限性，其第一事云：「至大無外謂之大一，至小無內謂之小一。」

再者，「久，彌異時也」顯示整體之「宙」概括了一切「異時」，而一切異時之「異」乃有賴於人設定始、止之時間單位，方有所謂的古、今、旦、莫之別。「東西家南北」之「家」即「室」，爲定方位的基準點（註六十一），亦即對於空間方位的認定，必須先有設定的中點，始有所謂的東西、南北。因此，惠施就人在宇宙整體中，於認識上的設定轉換而論及第七事的「今日適越而昔來。」及第九事的「我知天下之中央，燕之北，越之南是也。」

又經下云：「行脩（循）以久，說在先後」（註六十二）經說下：「遠近，脩也；先後，久也。民行脩必以久也。」此謂時空計量有先後、遠近的差別，經上云：「日中，缶南也。」天體運行也有一定的軌跡、方位。惠施則從變化、比較的觀點探討時、空的相對性關係，而有第四事的「日方中方睨，物方生方死」及第三事的「天與地卑，山與澤平」等不同看法。在時空的認知上，墨辯持肯定的觀點而有明確的定義；惠施則强調認知的設定性與相對性。

2. 論時空的性質

經上云：「厚有所大也。」經說上：「厚，惟無所大。」又經說上：「次，無厚而後可。」「盈，無盈無厚。」可見「厚」一方面指物的體積擴延性，另一方面指「整體的厚」爲：「其大無所加。」（註六十三）故云「厚，惟無所大」，此與經說上對「久」「宇」的整體加以定義相類。惠施則從現象界中萬物必佔體積的「有厚」，反面伸說之所以能容「有厚」，其空間性質爲「無厚」，故歷物第二事云：「無厚不可積也，其大千里。」

此外，墨辯對時空性質的相關概念皆有定義，如經上：「窮，或有前不容尺也。」經說上：「窮，或不容尺，有窮。莫不容尺，無窮也。」經說下：「南者有窮則可盡，無窮則不可盡。」惠施則由整體與個別而並舉時空的相對性質，其歷物第六事有云：「南方無窮而有窮。」及第七事：「今日適越而昔來。」

3.論同異的關係

小取云：「夫辯者，將以明是非之分，審治亂之紀，明同異之處，察名實之理。」何謂同？經上云：「同：重、體、合、類。」經說上：「同，二名一實，重同也。不外於兼，體同也。俱處於室，合同也。有以同，類同也。」何謂異？經上云：「異：二、不體、不合、不類。」經說上：「二必異，二也。不連屬，不體也。不同所，不合也。不有同，不類也。」又經上云：「同、異而俱於之一也。同異之得，知（放）有無。」（註六十四）以上墨辯不但對同異各有所定義、分類，並指出同、異彼此矛盾對立、相反相成的關係。惠施則針對同、異爲萬物在比較下之共同性質，而可作爲歷物之方法，其第五事指出：「大同而與小同異，此之謂小同異；萬物畢同畢異，此之謂大同異。」進而就「畢同」引申出第十事之「氾愛萬物，天地一體」之結論；此皆與墨辯中之同、異思想有關。

三、墨辯與尹文子

墨辯與尹文子思想的相互呰應，不若公孫龍與惠施的明顯，但在內涵上有所關聯、影響，則是可肯定的。

大取篇在「名」的分類中有所謂「形貌之名」與「非形貌之名」，其論同異推比亦舉「將劍與挺劍異，劍以形貌命者也，其形不一，故異。」可見墨辯重視形與名的關係。尹文子・大道上則云：「羣形自得其方圓，名生於方圓，則衆名得其所稱。」且云：「有形者必有名，有名者未必有形。」此亦將名區分爲有形之名與無形之名。並強調名與形相互對應的重要性：「今萬物具存，不以名正之則亂；萬名具列，不以形應之則乖。」

在正名思想方面，經說下指出「正名者，彼此……」尹文子・大道上亦云：「名稱者，何彼此而檢虛實。」墨子的正名在「以實正名，以名察實」，尹文子正形名亦有：定名、檢形、檢名、定事之分，如其云：「故亦有名以檢形、形以定名，名以定事，事以檢名。察其所以然，則形名之與事物，無所隱其理矣。」汪奠基云：「墨辯學者認爲物類的存在，因所指形色性質而顯，故察類正名，即可檢出不同概念的性質。」（註六十五）可見墨、尹思想亦有所通。

以上論列墨辯「立名思想」及與名家三子呰應情形，以說明先秦名家思想在形成上，墨辯所佔有之重要地位。名家的思想特質雖與墨辯相類，但其立場、觀點往往不同而爲論敵，故其主張仍有自家之獨特旨趣。

註釋

① 參見王夢鷗著戰國時代的名家，中央研究院歷史語言研究所集刊44本3分，頁1。及徐復觀著公孫龍子講述，頁2～3。

② 爾雅相傳爲周公所作，或云孔子所傳，或云子夏所增，或云叔孫通所補。見蔣致遠主編，十三經引得，爾雅引得序，頁1。

③ 春秋公羊、穀梁二傳，皆謂魯襄公廿一年，孔子生。司馬遷史記，謂襄公廿二年孔子生。春秋：哀公十六年夏四月己丑，孔丘卒。相當於西元前五五一—四七九年。錢穆著先秦諸子繫年，頁1、58、615。

④ 溫公頤著先秦邏輯史，頁173～174。

⑤ 郭爲著名家之研究，高雄師院學報第十期，頁350。

⑥ 勞思光著中國哲學史第一卷，頁32～33。

⑦ 徐復觀著公孫龍子講疏，頁3。

⑧ 汪奠基著中國邏輯思想史料分析，頁76。

⑨ 牟宗三著先秦名家之性格及其內容之概述，中華文化月刊十三期，頁5。

⑩ 蕭登福著公孫龍子與名家，頁181。

⑪ 同註⑨，頁6～20。

⑫ 傅佩榮著道家的邏輯與認識方法，頁1。台大79.5.中國哲學之方法研討會論文。

⑬ 陳鼓應註譯老子今註今譯，頁149。

⑭ 羅光著中國哲學思想史，先秦篇，頁215～217。

⑮ 嚴靈峯教授說：「知，指知覺、知性、知識而言；智，則指智慧和智巧而說……老子對智慧和智巧的否定是毫無疑義的，反之，老子卻不否定『知』，換言之，他也肯定知性和知識。」參見嚴靈峯編著，無求備齋選集，經子叢著第九册，頁648～651。

⑯ 說文云：「道从辵首，亦从首聲，辵謂長行，首謂面之所向，行之所達；長行於面之所向與行之所達之塗，此塗即道；故其本義作「所行道也」解。

⑰ 參見李震著中外形上學比較研究上册，頁4～5。

⑱ 勞思光著中國哲學史第一卷，頁179。

⑲ 同註⑬，頁11～12。

⑳ 同註⑮。

㉑ 老子十六章：「致虛極，守靜篤，萬物並作，吾以觀復。夫物芸芸，各復歸其根，歸根曰靜，是謂復命。復命曰常，知常曰明。不知常，妄作凶。……」范應元說：「歸根者，反本心之虛靜也。」歸根即回歸本原。憨山說：「命，人之自性。」復命即歸復本性。見註⑬，頁89～90。

㉒ 參見張振東著中外知識學比較研究，頁40～41。

㉓ 據馬王堆書本改「不知知」爲「不知『不知』」。

㉔ 老子卅九章：「昔者得一者：天得一以清；地得一以寧；神得一以靈；谷得一以盈；萬物得一以生；侯王得一以爲天下貞。其致之。」

㉕ 見老子四十七章、卅三章、十六章。四十七章「不見而明」，「明」原作「名」，現從張嗣成本，從蔣錫昌說而改，見註⑬，頁167。

㉖ 見老子十二章、十四章，並參見註⑰，頁116～120。

㉗ 公孫龍子指物論共計269字，其中「非」有25字，「無」有12字。

㉘ 參見呂氏春秋離謂篇記載，及孫中原著中國邏輯史，頁17～18。

㉙ 同註㉘之二，頁74。

㉚ 鄧析子轉辭篇：「世間悲哀喜樂，嗔怒憂愁，久惑於此。今轉之：在己爲哀，在他爲悲；在己爲樂，在他爲喜；在己爲嗔，在他爲怒；在己爲愁，在他爲憂。」尹文子．大道上：「今親賢而疏不肖，賞善而罰惡，賢、不肖、善、惡之名宜在彼；親、疏、賞、罰之稱宜屬我。」公孫龍子．名實篇：「其名正，則唯乎其彼此焉。」其中可見有己、他，彼、我，彼、此之分別。

㉛ 尹文子．大道上云：「今即聖賢仁智之名以求聖賢仁智之實，未之或盡也。即頑嚚凶愚之名，以求頑嚚凶愚之實，亦未或盡也。使善惡盡然有分，雖未能盡物之實，猶不患其差也。故曰：名不可不辯也。」尹文持不患而深辯之態度。公孫龍．指物論：「物莫非指，而指非指」及「且夫指固自爲非指，奚待於物而乃與爲指？」名實論：「夫名，實謂也。」公孫龍一方面肯定人的認識與表達作用，另一方面也指

出此乃有限的，究極之物仍莫明所以。

㉜ 參見註㉒，頁65。及嚴靈峯編著，無求備齋選集，經子叢著，第十冊，頁147。

㉝ 錢穆著先秦諸子繫年，頁89。另嚴靈峯說：「論語不言墨子，而墨子稱孔子；莊子剽剝儒、墨；孟子闢斥楊、墨；而墨子不及孟、莊。墨子生在孔孟之間，大抵可信。同註㉜之二。

㉞ 方授楚著墨學源流，頁43；另蔡仁厚著墨家哲學，頁99～102，也持相同看法。

㉟ 同註㉜之二，嚴著，頁178～179。

㊱ 李漁叔著墨辯新注，頁1～24。

㊲ 方孝博著墨經中的數學和物理學，頁2～4。

㊳ 惠施生卒時間約於西元前三七〇至三一〇年。尹文生卒時間約於西元前三六二至二九三年。公孫龍生卒時間約於西元前三二〇至二五〇年。

㊴ 馮友蘭說：「墨經中雖亦有『堅白同異之辯』，『觭偶不仵之辭』，然其主要目的，在於闡明墨學，反對辯者。」見馮友蘭著中國哲學史，頁309。另勞思光亦云：「墨家後學之所以致力於邏輯問題之探討，主要問題在於與名家辯爭。」見勞思光著中國哲學史第一卷，頁256。

㊵ 虞愚著中國名學，頁59。

㊶ 勞思光說：墨子思想的基源問題乃爲：「如何改善社會生活？」見註㊴之二，頁235。

㊷ 詹劍峯著墨家的形式邏輯，頁63。

㊸ 同註㉒，頁67。

㊹參見馮耀明著墨辯的名實觀，鵝湖月刊第十四卷第五期，總號一六一，頁2。

㊺孫詒讓、梁啓超校兩「民」字、一「石」字爲「名」，甚是。孫氏並云「猶」與「由」通，今從之。參見孫詒讓著墨子閒詁，頁306～307，及李漁叔著墨辯新註，頁73～75。

㊻參見註㊹，頁3。

㊼同註㊹，頁4。

㊽孫中原著中國邏輯史，頁213。

㊾此條經與說皆難讀，但其意旨是明顯的，孫詒讓說：「異意而辭同」，曹耀湘說：「實異而名偶同」。

見註㊷，頁73～74。及孫詒讓著墨子閒詁，頁289。

㊿「命狗犬，移也」原作「狗犬，命也」今從伍非百校改，見伍非百著先秦名學七書，頁277。

51參見註50，頁77，註㊱，頁110，及註㊹，頁2各解。

52「䰻」即「羈」字，「施」當作「旅」，形近而誤，見高晉生著墨經校詮，頁159～160。楊家駱主編「名家六書．墨經校詮」。

53參見註㊱，頁172，及註㊷，頁76。

54見註㊷，頁17。

55原作「循此循此與彼此同，說在異」，今從伍非百校改，見註50，頁324。

56經上云：「知：聞、說、親。名、實、合、爲。」經說上云：「知，傳授之，聞也。方不庳，說也。身觀焉，親也。所以謂，名也。所謂，實也。名實耦，合也。志行，爲也。」

(57) 參見註(50)，頁522～523。

(58) 狂牛二字原誤倒爲「牛狂」，狂字乃牒經之文，參見譚戒甫編著墨經分類譯注，頁152～153，及註㊱，頁207及(52)，頁187。

(59) 此條經文從孫詒讓、譚戒甫校改，原「石」作「尺」，「堅」爲標牒字。見註(52)，頁70。及孫詒讓著墨子閒詁，頁312。

(60) 此條從李漁叔校改，見註㊱，頁150。

(61) 高晉生詮說云：「家謂人所處之室也。人處於室，自其室以言，始有東西南北。」同註(52)，頁53。

(62) 張惠言謂「循」當爲「脩」，孫詒讓云「張校是也」，現從之。見註㊱，頁205。及孫詒讓著墨子閒詁，頁297。

(63) 畢沅云：「唯其大無所加，是謂大也。」見註㊱，頁92。

(64) 孫詒讓云：「放，疑當爲『知』，說云恕有無，恕當爲恕之譌，知恕字同」。見墨子閒詁，頁286。

(65) 同註⑧，頁381。

第三章 名家名實思想的主要內涵

第一節　公孫龍之名實論

公孫龍是戰國末年趙人（註一），生卒年代約爲西元前三二〇年至二五〇年（註二），他曾爲平原君客，與其生處同一年代者有：孟子、惠施、莊子、荀子、鄒衍等人（註三），孟軻、莊周、惠施比他略長，而荀卿、鄒衍等人則稍晚（註四），曾與孔穿、鄒衍等論難於平原君所（註五），到過魏、燕等國，並曾勸燕昭王、趙惠文王偃兵（註六），還勸平原君勿以存邯鄲而受封（註七）。公孫龍子的生平事蹟，除見於公孫龍子・跡府篇、孔叢子・公孫龍子篇外，在莊子・秋水篇、天下篇，列子・仲尼篇，呂氏春秋・審應覽・審應篇、淫辭篇、應言篇，戰國策・趙策，淮南子・道應篇、詮言篇，史記・平原君列傳、孟荀列傳等書中均有片斷的記載。

公孫龍子之書，最早的記載是漢書．藝文志諸子略名家：「公孫龍子十四篇」，之後一直到舊唐書．經籍志才再出現，爲三卷，新唐書．藝文志亦爲三卷，又陳嗣古、賈大隱注各一卷，至宋史．藝文志列名家，一卷；到四庫全書總目提要則云：「漢志著錄十四篇，至宋時八篇已亡，今僅存跡府、白馬、指物、通變、堅白、名實凡六篇。」（註八）今本之公孫龍子爲唐時所傳，除跡府一篇爲後人所輯外，其餘五篇之可靠性幾經爭議（註九），經近代學者考證結果已可證實確爲真而無疑（註十）。其書或有部份亡佚，但成書必在戰國末期，最遲不會遲於秦統一前（註十一）。這也是先秦名家思想資料最真實、內容最完整的一部份。至於版本方面，本文主要根據明末葉方疑刊十二子本及清嘉慶壬戌年烏程嚴可均校道藏本（註十二），並參酌元陶宗儀輯，張宗祥重校之說郛本（註十三）。

公孫龍子曾對趙惠文王說：「偃兵之意，兼愛天下之心也。兼愛天下，不可以虛名爲之，必有其實。」（註十四）在跡府篇中有云：「欲推是辯，以正名實，而化天下焉。」又名實論亦云：「至矣哉，古之明王，審其名實，慎其所謂，至矣哉，古之明王。」由此可見，公孫龍子的思想是與當時政治問題有關的，然而，他之所以能成一家之言，則在於他更重視名實的根本問題，認爲人們唯有先解決名實問題，才能實現政治理想。

有關名實的問題，公孫龍子書有「名實論」一篇專論，許多註本對於此篇都特別强調它的重要性，認爲它是全書的緒論或總論（註十五），並且除指物論外，白馬、堅白、通變各篇都是用對話、彼此論難的方式寫成，而名實論則是完全用直敘的方式，把個人對名實問題的見解加以闡述，且把它擺在最後，有總結前面各篇之意（註十六）。名實論，涉及認識與表達的問題，表達所「表」者乃主體認識的結果，至於是否能「達」則涉及了表達對象的認知問題；因此認識與表達乃密切相關之事，在公孫龍子思想中，另一篇非對話論難式的「指物論」即是他强調指向性的認識理論（註十七）。因此在探討名實問題時必須將「指物論」「名實論」兩篇一併討論（註十八）。

以下，將以指物、名實兩篇的思想為主軸，參酌另三篇的相關內容，用基源問題法予以系統性建構公孫龍有關名實問題之思想。

一、「物」是什麼？

對於「物」，公孫龍子從兩方面來思考：㈠物的定義。㈡物的認知。就㈠而言，名實論云：「天地與其所產焉，物也。」可見「物」乃指「能產之天地與其所產之萬物兩者」（註十九），包含了生於天地之間者，亦包括了天地。然何為天地？何為萬物？莊子．則陽篇云：「天地者，形之大者也。」達生篇云：「凡有貌相聲色者，皆物也，物與物何以相遠？」公孫龍子論堅白石之認識作用時，亦舉拊與視之感官作用為例說明「物」（註廿）。可見「物」乃是吾人感官所可把握的認識對象，是有形體之客觀存在者，如指物論所云：「物也者，天下之所有也。」（註廿一）。

次就(二)而言，「物」既然是認識的對象，於是指物論云：「物莫非指，而指非指。」意即：凡是對象物必須透過指涉作用而呈顯，但這被指出而呈顯之物（謂物），已不同於對象物（註廿二）。那「呈顯之物」（謂物）與感官所可把握的對象有何不同？荀子・正名篇：「故萬物雖衆，有時而欲徧舉之，故謂之物，物也者，大共名也。」又公孫龍子在白馬論中所舉命色、命形之「白馬」「馬」等概念亦爲透過指涉作用所呈現之謂物，「謂物」即普遍之概念，乃不定無形，爲感官所不能把握者。

普遍的概念不僅呈現某些具體的對象物，如：馬、牛、雞、石之類，也可呈現某物之性質，或物與物之間的關係，如：白馬之「白」、堅石之「堅」、白馬非馬之「非」、堅白石二之「二」或「夫名，實謂也」之「名」「實」「謂」等抽象之對象物。「物」兼做「事」與「物」解乃是先秦典籍的共同用法，如：易家人卦：「(象曰)君子以言有物，而行有恆。」孔穎達疏云：「物，事也。」禮記中庸：「誠者，物之始終，不誠無物。」鄭玄注云：「物，萬物也，亦事也。」孟子・盡心上：「萬物皆備於我矣。」趙岐注云：「物，事也。」荀子大略篇：「志卑者輕物。」楊倞注云：「物，事。」呂氏春秋貴公篇：「其於國也，有不聞也；其於物也，有不知也。」高誘注云：「物，事也。非其職事，不求知之也。」公孫龍子的「物」當兼指「事」與「物」兩者而言的，其「物」乃指天地，及天地間所有的物與事之意，而非僅指具有形體的物質解（註廿三）。

二、「指」是什麼？

根據歷來註解，「指」的意義素有不同之理解，可概分為下列六種：㈠視為與議論有關之「是非」（註廿四）。㈡與空間有關之「方向」（註廿五）。㈢與本體有關之「共相」（註廿六）。㈣與現象有關之物德、表德（註廿七）。㈤與感覺有關之映象（註廿八）。㈥視為與認識有關之「概念（名）」（註廿九）。

以上所舉，對「指」皆欲以一義為主，貫之為解，然指物論中「而指非指」一句，明以「非」字串聯二「指」字，若兩「指」之意義無異，則必導致矛盾，可見「指」在公孫龍子思想中必為多義性之概念。

「指」就其字源義而言，甲骨文無「指」字，但有「旨」，其意於卜辭乃田獵之對象（註卅）。小篆「指」，依說文手部：「从手、旨聲，本義作『手指』解。」次就衍申義而言，爾雅・釋言：「觀、指，示也。」郝懿行爾雅義疏：「華嚴經音義上引倉頡篇云：示，現也。…觀者，見之示也。…指者，手之示也。」按此，則所謂指者，乃以手指指向某物，使某物得顯現出來（註卅一）。再就其他同時代人之使用義觀之：今文尚書（漢隸）盤庚有云：「王播告之，修不匿厥指。」其「指」乃旨意（註卅二）。孟子・告子篇：「軻也，請無問其詳，願聞其指。」其「指」為大指、大意。盡心篇：「言近而指遠者，善言也。」其指為意向、旨趣（註卅三）。莊子・齊物論：「以指喻指之非指，不若以非指喻指之非指。」則陽篇：「指馬之百體而不得馬，而馬係於前者，立其百體而謂之馬也。」其指爲「指而謂之」之意（註卅四）。荀子．正名篇：「名足以指實」「制名以指實」其「指」字作動詞用，有指出、指示之意（註卅五）。又王覇篇：「君者論一相，陳一法，明一指，以兼覆之，兼炤之，以觀其盛者也。」楊倞注云：「指，指歸也。一法一指皆謂紀綱也。」故其「指」作指歸、綱要解。

總之，「指」字包含了手指、意向、指出、大意、指而謂之…等意義，歸結而言，「指」乃對認識活動某一關係過程各個階段，或某幾個階段的指稱。「而指非指」的第一「指」乃指而謂之的普遍概念，第二「指」則爲認識之對象物。而手指之意引申爲認識主體之認識能力，即「物莫非指」中「指」含意之一，其與所指之對象物互相關聯，而成「物指」，亦即指物論「使天下無物指，誰徑謂非指」之「物指」，乃意謂認識能力及於對象物此一認識過程關係之指涉作用。「指」就其爲「概念」義而言，爲感官能力所無法把握者，乃不同於有形具體之物的存在，故指物論有云：「指也者，天下之所無也。」

三、吾人如何認識對象物？

公孫龍子認爲吾人的認識必須有一定的條件、經歷一段過程，及過程中方法的自覺，才能得到正確的認識結果。

(一)認識的條件爲何？

首先就認識的條件言有三：㈠為「能指」，即認識主體的認識能力。㈡為「所指」，即指涉之對象物。㈢為「物指」，即能指與所指相關的指涉作用。

「能指」在指物論中，經常是隱藏在行文中某一「指」之內涵之中，如「物莫非指」之「指」、「而指非指」之第一「指」皆包含「能指」之意(註卅六)。另在堅白論中，「能指」則包含視、拊等感官能力，如「視不得其所堅而得其所白者，無堅也。拊不得其所白而得其所堅者，無白也。」這些感官能力有限，各有所得，亦有所失；且須客觀條件的配合才能發揮作用，如「堅以手而手以捶」「且猶白以目、以火見，而火不見，則火與目不見而神見。」因此「能指」除了感官的作用之外，亦包括精神的能力。

「所指」為認識之對象物，指物論中「而指非指」之第二「指」即是(註卅七)。又「物也者，天下之所有也」及「天下無物，誰徑謂指」中之「物」亦為「所指」。認識的對象不僅是可感的客觀存在物，同時，也包含了無形的事態或概念，如指物論中：「天下無指，而物不可謂指也，不可謂指者，非指也？」其意謂：物「不可謂指」，這也便是一種「指」(註卅八)。因此，「所指」在公孫龍子各篇中，其認識的對象也包括：指、物、名、實、二、一、白馬、馬、堅、白、石等等概念。

「物指」為能、所相關的指涉作用，如指物論云：「使天下無物指，誰徑謂非指？」「天下有指無物指，誰徑謂非指？徑謂無物非指？」中之「物指」，為認識的必要條件，含括能指與所指，一方面爲認識主體具備的指涉能力指涉到對象物（註卅九）；另一方面爲對象物所呈現之貌相聲色或其內涵種種訊息爲認識主體所把握（註四十）。

㈡認識的過程如何？

認知的活動過程有橫向與縱向兩種方式，就橫向而言，對同一對象物可以由許多不同觀察角度，或從不同觀點的比較，來對它加以描述，如在通變論中對「牛」的描述：牛是有角、無毛尾（與馬比較）、無上齒（與羊比較）、有毛、無羽、四足之材類（與雞比較）（註四十一），經如此描述吾人對「牛」此一對象有某種程度的認識，但這種認識並不是完全的，仍舊有許多觀察、比較的角度對此一對象物言是未被觀察到的，如今日動物學家對「牛」還可以有：哺乳類、反芻、偶蹄、胃分四囊、適於負重或耕田的動物…等描述（註四十二），其認知過程隨著觀點的不斷增加而有更廣泛的認識。

就縱向而言，則是對指謂物之概念，再用其他的概念加以說明，如「牛」爲材類，「材類」乃「可供人役用」。又如在名實論中，以「位」來說明「正」，以「實」來說明「位」，以「物」來說明「實」，及指物論以「有」來說明「物」等（註四十三）。在指物論中透過公孫龍子對「物莫非指，而指非指」的證立，亦可發現這種縱向式的認知過程。如「天下無指，物不可以謂物。」意即天下若没有「物指」的指涉作用，則對象物就不可用概念來稱謂它。又「天下無指，而物不可謂指也。」意即：天下若没有「物指」的指涉作用，則指謂物的概念（謂物）也不能再用其他的概念（謂「謂物」）來說明它了（註四十四）。由此可知，縱向的認知過程以對象物的「所指」經第一次「物指」得「謂物」，再以「謂物」爲「所指」經第二次「物指」得「謂謂物」，再以「謂謂物」爲「所指」，經第三次「物指」得「謂謂謂物」……如此可不斷進行下去，而有更深入的認識；這種認識也不是完全的，隨著新的「所指」與「物指」而有新的「謂物」出現。

㈢認識過程方法的自覺爲何？

認識過程中方法的自覺，即在公孫龍子所使用「非」字的操作性。「非」乃在於否定「是」，「非」一方面有否定性，另一方面亦含有肯定性，亦即肯定其所否定者。「非」乃相對於「是」而呈現其意義，故以下將「是」「非」之四種意義並舉以說明。

①「是」表某物性質之肯定。如：這朵花是紅色的。

「非」表某物性質之否定。如：這人不是黑髮。

此乃由實體與依附體的關係而定。

②「是」表繫屬關係的肯定。如：牛是動物。

「非」表繫屬關係的否定。如：牛非白馬。

此乃依「類」概念的相互關係而定。其「是」乃「包含於」之意。

③「是」表某一特定對象的肯定。如：張三是人。

「非」表某一特定對象的否定。如：這隻狗不是人。

又如：「非人類」，吾人可將不屬於此一類的一切個體歸入其中，此「非人」即成一概念。此乃由「類」與「個體」之間的關係而定。

④「是」表相等之意。如：牛是牛、馬是馬。

「非」表不等、相異之意。如：白非黃、能指非所指（註四十五）。

「指物論」中的「而指非指」，與「白馬論」中的「白馬非馬」其「非」都是第四種意義下的否定。而「非指」中的「非」又具備有第三種意義下「非」的作用。如：「指與物，非指也」「使天下無物指，誰徑謂非指？」及「且夫指固自爲非指，奚待於物而乃與爲指」中之「非指」。

就動態的認識過程而言，經認識者所把握片面、固定的概念與變化中對象物的整體已有差異，故公孫龍以等同之否定性「非」來說明「指」，云：「而指非指」。而這種否定的作用又肯定了有一「非指」所可指向的對象之存在，故云：「物莫非指」。「非」本身雖有所肯定，但其肯定者乃「不定之物」。亦即認識雖爲可能，可有許多「指」，能有新的「謂」，但卻不能有完全的認識，這就是「物莫非指，而指非指」中「非」方法的操作性所呈現認識的有限性，若無此一方法之自覺，必無法正確地了解「認識」的問題。因爲指涉作用一旦發生，「能指」與「所指」主與客的距離也就產生，故指物論之結語有：「且夫指固自爲非指，奚待於物而乃與爲指」這種疑惑的慨嘆了！這也正是列子·仲尼篇中引公孫龍曰：「有指不至，有物不盡」和莊子·天下篇引桓團公孫龍辯者之徒所謂的「指不至，至不絕」之義也（註四十六）。

四認識的結果

公孫龍的指物論雖然無法達到「指至物盡」的地步，但隨著更廣泛、更深入的指、謂過程，而能得到一些較精確的認識結果，這些認識的結果乃由「指」所獲得，亦即「概念」，它的性質是「兼」，如指物論中「且指者，天下之所兼」（註四十七）及堅白論中「物白焉不定其所白，物堅焉不定其所堅，不定者兼，惡乎其石也？」又云：「堅未與石爲堅而物兼」的「兼」，「指」本爲衆物之所兼，概念的性質是普遍的，它指稱物，但不專屬於某一物；白馬論亦云：「白者，不定所白」，這些普遍、不定的概念即「名實論」中的「名」。若概念爲普遍與不定，那麼認識的結果將如何呈顯呢？

四、認識的結果如何呈顯？

名實論云：「夫名，實謂也。」亦即認識的結果必須透過以名謂實的方式來呈顯，如此，「謂」的作用則爲認識結果表達的關鍵。「謂」就字源意義觀之，甲文「謂」字闕，石文謂與小篆謂略同，小篆「謂」：从言、胃聲，本義作「報」解（說文許著），乃稱論人得其當，事得其宜之詞，故从言。又以胃本作「穀府」解，乃人體中容納五穀，取其精粹，遺其粗穢以供週身營養者；稱論人事亦在品其精粗，故謂从胃聲（註四十八）。因此，「謂」在表達上有進一步分辨之意，亦即在衆多紛雜的認識對象中分辨恰如其分的「名」來謂「所指」。

墨經說上云：「所以謂，名也。所謂，實也。名實偶，合也。」故「謂」的作用必須藉「所謂」與「所以謂」兩者來完成，在公孫龍．名實論中，「所謂」即是「實」，「所以謂」即是「名」，在表達中「實」是就對象物而言，「名」則是就認識主體而論。

雖然「名」是不定與普遍的，但公孫龍指出以「名」謂所指之對象物，應有該類事物的共同限定，如白馬、白石、白羽之「白」雖然爲普遍不定之概念，但以「白」爲名，謂所指之物，該物必須確有「白」的性質，方可稱其爲「白」。故名實論云：「物以物其所物而不過焉，實也。」其中第一「物」字即「天地與其所產焉，物也」對物所下的定義，包括有形可感的客觀存在物，以及無形的事態概念（註四十九）。第二物爲動詞，表事物之所以成其爲事物這一過程（註五十）；就認識主體言，包含了指涉、描述、界定的認識作用，就對象物而言，則爲該物呈現人所能認識、把握的種種性質。「物」不論有形、無形皆有其自性或本質（註五十一），第三「物」字爲名詞，即經認識作用界定之呈顯者；「不過」乃指不增減構成某物之所以成爲某物的必要條件（自性或本質），這就是「實」。如蕭登福所舉之例：就有形之物而言，具有馬之性、相者爲馬，若在馬的性相外再加狗之性相則爲過，既過「馬」

之實則不得再謂之馬。就無形之事而言，以「忠」爲盡責於某人某事爲忠，此爲忠之「實」，若在忠的特質上再加上孝的特質，則此時已逾越了忠之「實」，不能再單以忠一詞來涵括它，而必須忠孝並稱（註五十二）。此與董仲舒春秋繁露・深察名號篇「名物如其真，不失秋毫之末」相似，其「實」含有「真」之意（註五十三）。

「實」即「物」的限定，爲「名」之「所謂」；故概念雖爲普遍、不定，但因「實」的確立，認識的結果仍可透過「所以謂」之「名」而呈顯、加以表達。

五、怎樣才是正確的表達？

首先應訂立正確表達的標準，此即「位」；其次符合其標準，此即「正」。如名實論云：「實以實其所實不曠焉，位也。出其所位非位，位其所位焉，正也。」其中，第一「實」字即前述由物而來，被定義的「實」，第二「實」字爲動詞，即「所指」內涵之完全展露，特別强調可認識內容的「完整性」與「限定性」意義；第三「實」則爲充分展露之內容。此內容可從表達爲「名」的含意上來了解。所謂的「不曠」即在「名」的意涵中不減損「實」之內容，譬如：若以「白馬爲馬」，則「白馬」之名即有所「曠」於「馬」概念之外延。同樣，「馬」之名亦有所「曠」於「白馬」概念之內涵。故「實以實其所實不曠焉」即「位」的定義（註五十四）。「位」就其字源義觀之，「位」原本即含有一正確的秩序性（註五十五）。實之「位」繫乎人之謂其名，「位」即「名」與「實」相符合的正確關係（註五十六)。

然而，在實際生活中，人的表達常會有名不符實的「非位」情形，造成溝通的阻礙，因此必須使「非位」導正爲「位」，而使「名」「實」相符的作用即是「正」，「正」即名實論：「不出其所位，且位其所位」之意，「不出」與「且位」乃是認識主體主動的辨識與調整。其調整所依據的標準即「位」，而使其達到此一標準的方法即是「正」。

六、如何達成正確的表達？

「正」，本義作「是」解，其字源義有：「正鵠」「征行」之意（註五十七），故含有朝向一定的方向行進，以達成目標而止之意。「正」一方面是達成了正確表達的狀態，即前述名實相符之「位」；另一方面則是達成正確表達的方法。

「正」的方法，依名實論可分爲下列七項步驟：

(一)正實。如原文：「其正者，正其所實也。」因爲正確的表達必須先有正確的認識，確立了「物」之自性、本質爲何，才可以該「實」作爲表達是否正確的準據。

(二)定實。如原文：「以其所正，正其所不正，疑其所正。」「疑」乃作「定」解（註五十八），由於對象物的變化、認識作用本身又是動態的，若以正確認識之「實」來作爲「名」的準據，則其本身必須被固定下來，如此才有可能正名。

(三)以實正名。如原文：「正其所實者，正其名也。」名的成立乃是以「實」爲根據，實正、實定則名定，使名恰與實相應。

㈣分別彼此。如原文：「其名正，則唯乎其彼此焉。」要能使「名」得正，就在於各「名」所符應之「實」各有彼此的分別。不但各物、各實有別，表達爲名亦有分別，使此名謂此實、彼名謂彼實，而有一一對應之關係。

㈤唯謂。如原文：「謂彼，而彼不唯乎彼；則彼謂不行。謂此，而此不唯乎比；則此謂不行。其以當不當也，不當而亂也。故彼彼當乎彼，則唯乎彼；其謂行彼。此此當乎此，則唯乎此；其謂行此。其以當而當也，以當而當，正也。」「謂」在前述第四問中已指出，其包含有進一步分辨之意，認識者透過彼、此的分辨而取恰當的「名」來代表「實」，即「謂」。「唯」則是獨或專於之意（註五十九），由於現實生活中常有異名同謂或同名異謂的情形發生，因此公孫龍特別强調，正確的表達必須是由一名唯一地對應、代表一實才能完成。

㈥止於。如原文：「故彼彼止於彼，此此止於此；可。彼此而彼且此，此彼而此且彼，不可。」止於，乃「名」專用於其「實」且不得移動、變更之意（註六十），此乃對「唯乎」之意作進一步的强調。當從彼、此分辨而名符其實之後，不可再變更其「名」所相應之「實」、其「實」所相應之「名」。當然，若「實」隨「物」而有所變動時，「名」亦必須隨「新實」轉變，不過這已是另一次的「謂」，而原本之「舊名」仍止於「舊實」。

㈦不謂。如原文：「知此之非此也，知此之不在此也，則不謂也。知彼之非彼也，知彼之不在彼也，則不謂也。」其中「非」為「物」在性質上的變化，「不在」則為時空、位置上的變化，如荀子．正名篇所謂：「有異狀而同所者」及「物有同狀而異所者」。不謂，是指當表達者無法以「名」對應上變化中、未呈顯之「實」時，則寧可不謂，而勿強予之名，這也是達成正確表達的方法之一。

總而言之，公孫龍子的名實思想可以四個原則來統括：

一、實隨物變。由於「物莫非指，而指非指」，「物」的究竟所是，不能完全把握，故以「非」說明認識的有限性，雖然不能「指至物盡」地完全認識，但透過「指」能將所認識到的天下萬物表達出來，並且在認識的程度上可以有較精確的界定，此即有賴「物以物其所物而不過焉」之「實」的確立，「實」是隨著「物」的變化而變化，亦隨著「為物之認識主體」，在認識的深廣程度下而變化。雖然有變，但因「疑」的固定，構成「所謂」的一端，因而正「實」。

二、名隨實轉。實定則名定，實以定名、名以謂實，名、實間的正確關係即在於「實以實其所實不曠焉」之「位」，所以謂之「名」即以「位」為準，隨「實」轉變以正「名」。

三、一名一實。故分彼此；亦即「其名正，則唯乎其彼此焉。」物、實、名三者不同，且實、名可予確立、固定，進而皆有彼此之分，以構成表達上之邏輯關係。四、名符其實。故正其謂。亦即「唯乎」「止於」彼此之謂，故「審其名實，愼其所謂」以達成正確之表達，進而使名正、言順、事成而可天下化。

第二節　惠施的「歷物十事」

惠施，姓惠名施，爲戰國時宋人（註六十一），約生於西元前三七〇年，卒於西元前三一〇年（註六十二），他爲魏國宰相時，曾主謀折節朝齊的策略（註六十三）；之後，因受張儀之排擠，離魏去楚，又轉至宋國（註六十四）。不多時又返回魏國，爲魏王出使楚國，且爲伐齊存燕而出使趙國（註六十五）。

惠施嫻於辭辯，學問甚淵博，據莊子．天下篇云，他有書五車，可惜失傳；他大約是在宋時與莊子會晤而相論學，於出使楚國時與南方倚人黃繚論天地風雨雷霆之故（註六十六），能徧爲萬物說，且說而不休。他是戰國中期一位知識豐富的科學家，同時也是一位重要的邏輯學家（註六十七）。

漢書．藝文志名家列惠子一篇，隋書經籍志已不著錄，惠施之書雖久佚，但有關惠施的記載，除見於竹書紀年、戰國策、史記外，莊子、荀子、韓非子、呂氏春秋等書許多篇章亦有所提及（註六十八）。

如今，論惠子學說者多本於莊子書，特別是在莊子‧天下篇的歷物十事。天下篇有云：

惠施多方，其書五車，其道舛駁，其言也不中，歷物之意：

1.至大无外，謂之大一；至小无內，謂之小一。

2.无厚，不可積也，其大千里。

3.天與地卑，山與澤平。

4.日方中方睨，物方生方死。

5.大同而與小同異，此之謂小同異；萬物畢同畢異，此之謂大同異。

6.南方无窮而有窮。

7.今日適越而昔來。

8.連環可解也。

9.我知天下之中央，燕之北、越之南是也。

10.氾愛萬物，天地一體也。

這是先秦名家哲學史料中，惠施思想最爲確定的一部份。

馮友蘭雖然把天下篇中辯者廿一事當中的八事：卵有毛、郢有天下、犬可以爲羊、馬有卵、丁子有尾、山出口、龜長於蛇、白狗黑等列入惠施合同異範圍之中（註六十九），而將其餘十三事劃歸於公孫龍爲首之離堅白的其他辯者思想（註七十）。但此畢竟是在劃分了離、合兩派之後的解析背景下所作的推測，有不少學者就反對這種分法（註七十一）。因此，探討惠施思想較無爭議且可靠的僅有資料，即此天下篇的歷物十事。

再者，牟宗三並不認爲歷物之意共有十事，他將第6、7、8合爲一事，所持的主要理由爲：天下篇述惠施歷物之意，自「至大無外」起，無單辭成一事者，皆是若干句合成一小段，爲一意，故一起僅有八事而已（註七十二）。此亦似有其道理。然而，牟氏在斷句上雖將6、7、8事合而爲一，但在解析上各句仍各有不同的意義，牟氏僅特別强調出它們在理路上之貫串罷了，故本文仍採歷來大多數註家所分之十事。

對於歷物十事，一般而言，有兩種看法，一種認爲它只是惠施著作中迄今仍保留的一些殘存部份，乃不可究解；另一種認爲它是惠施思想中十個具有內在結構性的主要命題，而加以分類解析（註七十三）。

如甲、章炳麟在所作國故論衡的「明見篇」裡將十事分爲三組：

第一組　論一切空間的分割區別都非實有（此包括1、2、3、6、7、8、9七事）

第二組　論一切時間的分割區別都非實有（此包括1、4、7三事）

第三組　論一切同異都非絕對的（此爲第5事）

而第十事的「氾愛萬物，天地一體也」則是上述三組的結論。章氏的分類，之後有胡適、渡邊秀方、虞愚、張其昀等人從之並加以引申發揮，以自圓其說（註七十四）。

另乙、嚴靈峯教授在「惠施等辯者歷物命題試解」中，參照儒、墨、道三家某些共通的觀點和採取綜合的方法，分條縷析地作有系統的解釋和說明，而將之分爲：

一、大、小（有限和無限）其中包括惠施1268四事，及天下篇辯者第21事。

二、動、靜（時間和空間）其中包括惠施47二事及辯者91516三事。

三、同、異（彼和此）其中包括惠施35910四事及辯者第1事。

四、名、實（是和非）　其中包括辯者其餘16事（註七十五）。

再者，丙、丁原植教授的「惠施邏輯思想之形上基礎」一文中，則將惠施的十個命題加以歸納性的整理，分爲七項：

一、邏輯性表達範域的設定。（此爲第1事）

二、現象存在之基本性質與此性質在邏輯中所形成之兩極序列。（此乃第5事前半）

三、藉現象物個別差異性的取消而逼現邏輯序列的無限。（此包括3479四事）

四、說明序列極限之不可界定。（此包括26兩事）

五、要求對於現象物探討之「物論」可解。（第8事）

六、齊一性原理的提出。（此乃第5事後半）

七、齊一性原理的根源與道德原理之提出。（第10事）

並認爲歷物十事極可能是惠施物論中十個具有結論性的命題，並嘗試重新建立其推演的系統架構（註七十六）。

以上列舉近人代表性之解析，各人觀點不同，解法亦異；就甲、乙對比，他們同是以分類的範疇架構來包括惠施歷物十事之內容，此比傳統注解僅就字意作支離的說明，頗勝一籌，且已隱含惠施思想應有其理論上的內在結構之預設。章炳麟等人是用空間、時間、同異的三組範疇來囊括十事，而嚴靈峯教授則是以大小、動靜、同異、名實四組範疇來包容惠施的思想。其中嚴教授的範疇就其包容性而言又廣於章氏的三組範疇；因動靜一組已包含了時間與空間在內，且除同異一組同於章氏等人之外，另有大小、名實兩組範疇。

次就甲、乙與丙兩者相對比，他們共認歷物十事是合理的（雖然有違一般常識）且皆欲呈現其「理」或其「理路」。但是在方法上，甲、乙是以分類範疇來包容再提出解析；丙則是以推演的方式呈現各結論命題的推導過程及相互之關連性，這又是甲、乙與丙之不同。

以上的兩種解析方法亦爲本文所取，但在建立之範疇與系統之呈現上則有不同，基本上，惠施思想的確立，並非僅是原典材料的蒐集齊全，加以羅列，或進一步逐項解釋而止，這僅是哲學探討的初步工作，更重要的是能將之納入一思想架構而予以系統之呈現，並發掘其中哲學問題，就惠施歷物十事的思想觀之，可以下列三大範疇予以統攝：歷、物、歷物。現分述如下：

一、歷，就字源的意義觀之，甲骨文「[illegible]」乃「經歷」之象（註七十七），金文「厤」，除「經歷」之義，「厂」還有「推移」之象（註七十八）。小篆「歷」，本義作「過」解，乃行而過之之意；又作「治」解（註七十九）。就歷來的註解觀之：成玄英疏云：心游萬物，歷覽辨之。唐陸德明經典釋文云：分別歷說之。大陸學者孫中原云：什麼叫「歷物之意」呢？「歷」有分辨、治理之意；「意」即「以辭抒意」之「意」，指思想上的斷定、判斷。「歷物之意」即惠施對萬物觀察分析所得出的一些基本判斷或結論（註八十）。綜合上述各解，「歷」有：經歷、推移、過、歷覽、分辨、治理、判斷等意義，因此，「歷」包含了人心思活動的一段過程，其結果即是一種「知」，就認識主體而言，內肯定了分辨、推演、比較整合等作用，外肯定了「物」的存在。此「歷」即屬思想界之範疇。

二、物，可指天地萬物，包含有形、無形之事物，有形者諸如：天地、山澤、生物等，無形者如：大小、中睨、同異、今昔等，就歷物之意觀之，「歷」的對象即是「物」，此「物」並不同於先秦諸子所關切的對象，因他們的注意力都集中在人文世界中的政治、道德、教化、生活等問題上，而惠施的歷物之意都與這些問題風馬牛不相及，而是將眼光從人文世界移轉至自然世界、物理世界，欲探求自然宇宙中萬物之理（註八十一）。此「物」乃屬現象界之範疇。

三、歷物，此乃是現象界中之對象物在思想界中呈現的一種方式，對象物雖不因人而存在，但卻是因人而被認知。天地萬物以「知」來探求，其方式有二：或就其爲對象物而作客觀性質料的分析，或就其在「知」（思想界）中之呈現方式形成此「知」之邏輯性表達；惠施的「歷物」即是採取了後者的邏輯性處理方式，故此「歷物」即屬於表達界之範疇。（註八十二）

惠施所面對的對象是「物」，並且欲處理的是「物之整體」，以下再以基源問題法（註八十三），用問題的串聯形成思想系統，展現其思想理路，並參酌前述之思想界、現象界、表達界三大範疇，作爲解析之背景座標，加以確立惠施之思想內涵：

一、天地萬物的整體爲何？

此一基源問題之所以成立，其線索來自第十事「泛愛萬物，天地一體」中的「一」，亦即第一事中統合大一、小一的整體「一」。有不少註解都認爲第十事爲惠施思想的總結論（註八十四），從惠施整個思想看來，亦可確定此爲其思路的發起點。「一」在中國哲學中是指第一對象或是對象之整體，但不論是指「第一」或「整體」，在哲學的處理中均是指涉所探討之對象成立之基礎或原理。因此，此基礎的確立就必須只能以兩種方式求其可能，一是來自於對象物的歸納、一是來自於人主體的設定（註八十五）。

惠施是如何思考此一問題呢？首先，有兩點預設必須先提出來：

(1)凡是現象界中可感之物都佔有一定之空間、並經歷一段時間，故此種現象物之整體乃是時間的整體與空間的整體。

⑵凡是整體之所以爲整體，必然須對此一整體的邊際範圍有所確立，不然就不成其爲整體。

然而，在現象界中，以人的能力實無法經驗到此一邊際，因此，僅從對象物的歸納中，仍不足以確立此一邊際，必須透過人在思想界中的設定，方可確立邊際、呈現整體（註八十六）。既然無法直接由現象界說明物之整體，故惠施在思想界中下手，從個別物的共通性（時、空）探討，又由於時間的被認知是透過空間的說明而獲得，因此，其思路的進展焦點匯集於「空間」的思考上。

在現象界中任一個別之物，其所佔空間之被認知，必有內外之分與大小之別；亦即任一個別物X必須在和非X的相對比較下才能呈現其爲該物，由於比較而有內、外、大、小之差異。但是，若欲說明「物之整體」時，也由現象界中經驗到比較出的內外、大小等概念來加以說明（註八十七），則不足以說明「物之整體」，因其有內外有大小，又使之淪爲現象界中之一物。因此，惠施提出了具有辯證性的概念「無」與「至」來限定此一不確定的邊際問題。一般而言，「無」概念具有四個性質：

⑴它是對「有」的否定，因此說明一不可界定者。

⑵它以其被操作性而提出，具有一肯定的作用。

(3)它既具有否定與肯定的性質而構成辯證的作用（註八十八）。

(4)因其具有辯證的作用而可超越對現象界各種事物的描述，而使思想界之範疇有超於現象界之可能。

「無外」「無內」既具有「無」的否定性，亦具有「無外」「無內」的肯定性，因而確立了「物之邊際」。再者，大、小是兩物相比較而獲得之概念，但「物之整體」已無另一可比較的對象，因此，至大、至小之「至」即是(1)取消了大、小兩概念之所以產生的現象情境；「至」是對「比較」的否定，說明有一不可比較者，亦即排除了「其他大」「其他小」的可能；(2)「至」又隱含了「非比較」和「比較」兩者之間的比較，因此，惠施一方面使用由現象界所從出的概念（大、小），來說明「物之整體的兩端」相對於現象界中任一物為大，為小，另一方面用「至」來取消這種說明的限制，而表達出非現象界的「物之整體」乃是「無對」與「獨一」的。

至於「至大無外」和「至小無內」則是說明「物之整體」乃是無限的；其中透過「無」和「至」兩概念的辯證性質，從有限之現象界的觀察翻轉至無限之思想界的「物之整體」，最後再由「謂」進入表達界，「至大無外謂之大一；至小無內謂之小一。」周云之說：「惠施從內涵方面揭示了自然科學某些『名』的確定性，如：『至大無外』就是『大一』的內涵，實際也反映了『大一』的外延。『至小無內』就是『小一』的內涵。這就使『大一』和

「小一」之名具有了確定性（規定性），揭示了世界極大和極小的無限性本質（註八十九）。「大一」「小一」即是對「物之整體」的邊際所作之定名，而綜合至大、至小之「一」即是「物之整體」，此「物之整體」是獨一的，綜合無內、無外，它是無限的；亦即是無限的空間、無限的時間。

以上即是惠施對其基源問題的回答。以下是衍生的其他主要問題：

二、何謂「小一」？其與「大一」的關係如何？

此是純就思想範疇中之物的思考，承續前一問答針對所謂「小一」「大一」而提出的問題。雖然是兩個問題，但實際上是相關的同一個問題。

惠施所思考的重點不在現象界中之個別物，而是容納萬物的空間，亦即使某物X得以呈現的非X，這空間乃爲無厚，無厚者自不可積，因其不可積則不致阻礙任一物之存在，亦即容納得下任一個別之現象物；而就現象物運動、變化觀之，任一個別現象物可從甲地移至乙地，或於同一處成長、凋萎，所佔空間由小變大、由大變小，故稱無厚不可積之「容者」其大千里（註九十）其大千里乃虛說之辭，僅是形容「容者」之大。

其中，「大一」即此「容者」之整體，小一即指這「容者」的基本質點，對這質點的說明，「無厚」乃是說明其非體，「不可積」是說明其非面且非線，而「無厚不可積」則是說明其爲「點」（註九十一），但此「點」並非有量點，倘其仍有質量，則必爲可積者，這就違反了「不可積」之內涵（註九十二），故「無厚不可積」乃是對「小一」此理想模型性質的說明。現象界中的「至小」之物，如毫末之類（註九十三）皆非此模型自身。這是思想界對現象事物的分析與設定而得。

大一、小一既爲無量之純形式模型，因此吾人倘若探問「小一是如何構成大一的」則無意義，因爲它們並非整體與部份的關係，而是同一物的不同觀察角度。

「無厚」相對於現象界而言，即「小一」與「大一」之所同一的共通性，惠施以現象界中萬物之有厚的否定來加以說明。胡適說：「『無厚不可積』和那『其大千里的』只是一物，只是那無窮無極，不可割斷的『空間』。」（註九十四）此亦强調：從「無厚」演繹出的不可分割性，亦即「物之整體」乃是不可分割的，或任何因人而有的分割區別，都非實有。

三、宇宙中物與物之間的關係如何？

前面已就「物之整體」與「容物者」作了說明，然而整體之「容者」之中、現象界個別物之間的關係，則是惠施思路接下來所欲進展的方向。

萬物間的關係是因認知主體——人的比較而來，凡是比較必然涉及關係的兩端，而兩端之物又因物之不同或不同的觀察角度而呈現不同的關係。如：空間的高、下，大、小；時間的中、睨，今、昔；價值上的：美、醜，好、壞，人際間的長、幼，男、女……。由於惠施所關懷的對象物是自然界之物，故他所舉之例有第三事：天與地卑，山與澤平。第四事：日方中方睨，物方生方死；有關物在空間和時間上的相對關係。物與物的關係透過比較而定，凡是比較，其比較者必先立一比較之標準，而此一標準又常是主觀且無定的，如某人之身高就小孩而言，稱他為高；就一籃球選手則又成為矮，因此比較出的結果，往往是相對於比較之標準而呈現其意義。以空間而言，「天與地卑，山與澤平」之意，惠施是以「至大無外」之無限性空間整體為比較之標準，故天、地、山、澤在高度上的差異即可略而不計為等平矣。莊子．齊物論云：「天下莫大於秋毫之末，而泰山為小。」秋水篇云：「以差觀之，因其大而大之則萬物莫不大，因其小而小之則萬物莫不小。」將天地、山澤與「至大」相比，因其小而小之則天地為稊米也。循此理解者，如馮友蘭、虞愚等學者（註九十五）。

以時間而言，「天與地卑，山與澤平」之意，惠施是以「時間整體」為比較標準，循宇宙變化、萬物成毀觀之，天有與地卑之時，山有與澤平之時，這些變化的一段時間或長或短，但與整體的時間相比又可略而不計了。依此理解者有李石岑、汪奠基等人（註九十六）。又，比較的標準雖然常是主觀與無定的，但其主觀又常隨客觀的環境，與某些思想背境相涉而有所定（註九十七）。亦即在現象界萬物常是變動不居的，然而人於思想界則必然以有所定之概念加以推理、思考；而知現象界中物與物的關係乃是相對的。

四、「歷」與「物」的關係如何？

現象界中物與物的關係是相對的，但此相對性乃是因人之判分而有，人的判分又來自思想界中概念的作用，故此問題即是惠施對「原本之有」與「因人而有」兩者關係的探討，因而呈現思想界與現象界間的關係。

現象界的事物總是處在不斷變化的過程中，它們前後性質上的差異入於思想界是相對的（註九十八）。「日方中方睨，物方生方死」依前述理路，是指以時間整體的無限性觀之，中、睨、生、死所佔之時間並無差異（註九十九）。但是就概念之內涵而言，「中」並不等於「睨」，「昔」不同於「今」，此中、睨、今、昔，即在思想界構成了時空概念的相對性定義（註一〇〇）。

「方」乃是界於思想界和現象界的中介者，「方」有適、正、當之意（註一〇一），乃人對於現象物當下之把握，「物」與「歷」的關係即在於「方」。「物」為連續不斷地運動，而「歷」則為間斷性的理解。錢穆說：「凡言變，不能一時，必兼古今。然深言之，方言今而今則既古矣；方思今而今則既古矣；方覺知有今，而今所覺知又古矣。豈惟我之言思覺知？一時之變，方至於今，而所至即已古矣。故中睨死生，異變而同時。」（註一〇二）透過至、覺、知、思、言之「方」，將現象界中物之運動、變化作片斷性的把握，以形成概念、構成思想，加以表達。

時恆動、物恆變，凡是對「物之整體」所做的任何因人而有之分割區別皆非實有，而爲動、靜相對者，此即「歷」與「物」，思想界與現象界之關係。

五、如何「歷」物？

物之整體是無限的、是無厚的，其中之萬物又是變動不居的，它們的關係是相對的，那麼間斷性與片段性的概念，如何能認知對象物呢？此乃是探討思想界面對現象界的方法問題。

惠施從「物」的關係中找出了共同的性質，發現了「同」「異」兩大共通性，亦即就萬物的關係言，皆有同、異兩項共同的比較特徵，依此，可將「物」納入「歷」之中，同時也確立了宇宙萬物彼此的聯繫性，將它們納入思想的序列中。

惠施爲何選擇此一認知方法的進路？因他肯定了現象界中個別物X的認識必須在與非X的比較下方能得知。孤立地由X本身探討，絕不可能真正認知X。若從「關係」入手，必然隨著對象物的變化與複雜性而必須層層擴大此一關係網的探究，以至於無窮極；這正是基源問題「物之整體」探討之由來。

對於「物之整體」的把握，其實也就是對於「歷之整體」把握的主體要求，「物之整體」可以容納宇宙萬物，「歷之整體」可以容納所有相對於萬物之概念及其關係；如此，將「物」與「歷」形成對應關係，而使「歷物之論」成爲可能。

「大同而與小同異，此之謂小同異，萬物畢同畢異，此之謂大同異。」汪奠基云：「這是歷物的邏輯中心問題，理論上包括惠施對於概念種類的一種看法。」（註一〇三）而惠施認爲：概念的種類即在於同異的比較而有離、合的判分，形成因同異而區別的一一概念，以納入「歷」的系統。

其方法推演的步驟如下（註一〇四）：

(1)「大同」是第一次的比較，比較兩物有所同，如：牛、羊皆爲動物、同屬獸類，此兩物之所同，設立於㈲觀點而得。

(2)「小同」是第二次的比較，比較兩物亦有所同，如：牛、羊皆有角，同屬有角獸，此兩物之所同，設立於㈩觀點而得（註一〇五）。

(3)第三次的比較，比較獸類與有角獸兩概念，此兩概念皆是牛、羊兩物之所「同」，但由於「有角獸」之內涵較「獸類」多了「有角」此一元素，故「有角獸」的外延必小於「獸類」；因此，就牛、羊兩物而言，「獸類」爲「大同」，「有角獸」則爲「小同」。

(4)大同而與小同「異」，此「異」乃是就㈲、㈩兩觀點之不同的比較。將這種差異賦予一名，稱之爲「小同異」，當其用「小」則表示又相對於另一種更大的比較而來。

(5)另一種大的比較爲何？乃是萬物間的比較，如：A與B，C與D，E與F……等兩物間的比較，也包括了比較結果之比較，這種比較相當繁複，甚至可延伸至無限，因爲A、

B、C、D、E、F……可能是彼此不同之物，如牛、羊、雞、鶴、松、柏等物，也可以是彼此相關之物，如：C爲A、B等合成之類概念，如由牛、羊等歸納抽象而成之獸類，再與雞、鶴等歸納、抽象而成之禽類相比較；或以獸類、禽類等合成之「動物」，再與松、柏等合成之「植物」相比……這種比較是無法窮盡列舉的。如此，萬物相比，在比較的觀點上會朝「同」與「異」兩個方向開展，莊子・德充符有云：「自其異者視之，肝膽楚越也；自其同者視之，萬物皆一也。」（註一〇六）

(6)「畢」是兩方向所有觀點的整合，將所有「同」者匯聚成一「觀」而見萬物皆有所同，如皆爲「物」；故云「萬物畢同」。「畢」又將所有「異」者匯集成一「觀」，而見萬物皆相異，如：一一個別之物，故云「萬物畢異」。再將「萬物畢同畢異」之觀點，賦予一名，此即「大同異」，取其「大」即在與(4)觀點之「小」相對比而得。

畢同、畢異即思想界邏輯序列之兩極，「大同異」構成了「歷」之整體邊際。大同、小同則是大類、小類，依其概念同、異之離合而排比入兩極中之序列上；故「小同異」則構成了「歷」之整體內容。

思想界的「畢同」「畢異」即相應於由現象界而來之「大一」「小一」兩極，且「大同」「小同」則相應於宇宙中天、地、山、澤，鳥、獸、蟲、魚等萬物之關係。如此，現象界的萬物，可依其在思想界中同、異分類，而在思想界的邏輯序列中取得定位。

故惠施「歷」物的方法即在於設法建構思想界與現象界對應的關係，肯定萬物同中有異、異中有同，再由主體觀點的轉換，以取同去異、擇異捨同的比較方法來「歷」物。同、異的判定，相對於主體的觀點取擇，主體的觀點若有其自身的理則與一致性，則即使現象界中萬物是變動不居的，且思想界中概念又爲間斷性之片段掌握；主體仍可以其「歷」的邏輯一致性，來保障認知對象的相對正確性、相對系統性與思想概念的可運作性和可表達性。

六、「歷物」的性質如何？

「物」透過「歷」而成爲「歷物」，現象界的事物經思想界的處理，而加以表達；表達不僅是「表」，更重要的是「達」，表達的目的在於呈現主體的思想，而其前提則在於使表達的對方能夠明瞭其所使用之「名」的意義，如此方能達成真正的溝通效果。此問即在說明「歷物」之「名」的性質與意義問題。

依前述，任何思想界之概念，皆因相對於其他事物之關係而具備同、異兩性質，亦即至少有兩種觀點和比較標準，以「南方無窮而有窮」來看，惠施舉空間概念「南方」爲例，吾人可就：㈠大同異、一體觀之，則「南方」爲無窮，因物之整體、空間之整體是無限的，無論長、寬、高任何一維，或東、南、西、北、上、下各方，都可無限延伸，沒有盡頭（註一〇七），故曰：「南方無窮」。㈡另就小同異、一一個別物的比較言，「南方」之名在不同的人，或一人的不同觀點，此南方與彼南方並不相同，相對而爲有窮，如台灣之南方爲屏東，廣東之南方爲雷州半島，當某人達其目的地，則南方盡矣。因此，當某人謂往南方，則可依其所指之範域而爲有窮。

「今日適越而昔來」亦然，惠施舉時間概念「今」「昔」爲例予以說明。㈠自大同異、一體觀之，「今」「昔」並無差別，因爲相對於整體時間的無限性而言，今即昔，昔即今，並且人們所假定的今、昔，都離不開這無限的時間，同屬於宇宙整體發展之時間長流之中（註一〇八）。故可云「今日適越而昔來」。

㈡另就小同異，相對於一一設定之時間而言，則今、昔又有不同，按周髀算經說：「日運行處北極，北方日中，南方夜半；日在東極，東方日中，西方夜半；日在南極，南方日中，北方夜半；日在西極，西方日中，東方夜半。」依此，如日在西極，則東方人今日適越，而在西方人即可謂之昨日已來了（註一〇九）。但就東方人或西方人各自所設定的「今」「昔」則各有不同，亦即東方人之「今」不同於東方人之「昔」，故「名」之界定仍有其作用。

故「歷物」於小同異觀點的比較中，吾人可以得出：

⑴同一「名」，於不同觀點下，會呈現不同意義。如：（此）南方，不同於（彼）南方。（此就「歷」而言）

⑵同一事件，於不同觀點下，可以用不同之「名」加以指謂。如：同是至越國一事，東

方人謂之「今」，西方人謂之「昔」。（此就「物」而言）

因此，「歷物」就其形式言，皆有同、異之性質，並且必須在運作中、在表達裡，相對於主體之觀點而呈現其意義。

七、物論是否可解？

現象界中「物」變動不居，思想界中「歷」的觀點又轉換不定，並且在第五問中，吾人已知僅可依靠主體「歷」之邏輯一致性，來保障認知對象的相對正確性，依此而成之「物論」在表達界中是否可以使人明瞭所論之物？此問即是在探討表達如何可能的問題。莊子·齊物論有云：「物無非彼，物無非是。自彼則不見，自知則知之，故曰彼出於是，是亦因彼……是亦彼也，彼亦是也。彼亦一是非，此亦一是非。」萬物有其關連性，觀點有其相對性，然而各人有各人的論點，各論有各論之是非，如何能明瞭其論域、理解其所論物之意義呢？

惠施在歷物第八事指出：「連環可解也。」在先秦哲學中「環」是一個具有哲學意義的概念，它是指現象世界的象徵（註一一〇），它也是指無窮的空間整體，如胡適指出：「一切空間的區別，都不過是我們爲實際上的便利，起的種種區別，其實都不是實有的區別，認真說來，只有一個無窮無極不可分斷的『宇』，那『連環可解也』一條，也是此理。」（註一一一）此外，「連環」也是指無限的時間整體，錢穆云：「夫時無起迄，無方既，是連環也。析而言之曰今世，則一世為今，有起迄，有方既。更精而析之曰今歲今月今日，則歲月日各為今，各有起迄有方既。惟所言以謂之今，是連環可解也。」(註一一二)可見「物論」之成立，首先必須在小同異的觀點下，設定、確立概念、名言的意義。

「物」是充滿變化，無窮無極的整體，「歷」是間斷性的片段認知，而「物論」又是由這些片段的概念所形成的，既然種種分辨、區別都非實有，如此形成之「物論」是否足以反映「物」之真象呢？或者如何保障認識的客觀正確性呢？

惠施認為連環可解，就是認為「物論」必得其解，表達是可能的；其理由涉及第九事：「我知天下之中央，燕之北越之南是也。」此處「我」是在歷物十事中唯一出現的主詞，它代表著惠施面對整個知識或「物論」的一種態度。

所謂的「中央」必須是在確立了一定的範圍之後才有意義，若探討天下的「中央」，亦必須確立天下的範圍，才能討論，然而天下(物之整體)是無邊際、是無窮的，根本無法確立其範圍(註一一三)，因此探討「中央」正確與否的問題，正如「物論」面對「物之整體」而欲尋求其可解一般。

自大同異、一體觀之，天下並無所謂絕對的「中央」，又由於宇宙無限，因此無處不可成為「中央」(註一一四)。既然無處不可為中央，那麼任何「物論」只要在「歷」中確定了觀點、設定出範圍，並且在思路上有其邏輯之一致性，那麼凡是在此範圍內的概念、思想、言論，都可以相對其觀點、論域而有了確定性的意義而可解。正如設定出一定的範圍之後，「中央」必可獲致一般。

當然，若使表達成爲可能，還必須使人人有共認的觀點與範圍才行；但每個人的觀點常不一致要如何？惠施並不像荀子採取「約定俗成」的辦法（註一一五），而是採取一種廣包的心態，如「容者」般無限，所以他說：「我知天下之中央，燕之北越之南是也。」「燕之北」與「越之南」代表了兩種不同的觀點與設定，但都被「我知」所包容下來，惠施這種包容各種不同觀點的胸懷，其可包容性即爲一一物論可解的基礎。

「物之整體」是絕對的，各種相對性物論都因相對於此絕對而成其爲相對；唯有體悟「物之整體」的獨一、無對與無限性，才能理解各種相對於因人而設立有限之觀點、範圍所形成之一一物論。這種廣大無所不容的胸懷，其根據即在於惠施歷物十事結論中所提出的「天地一體」，這是他經過層層辯證而導出的究極肯定，在此肯定下：「歷」在人中，「歷物」因人而有，而人亦爲天地一體之「物」，如此，泯除人我之分、物我之別，現象界、思想界、表達界通達爲一，則物論可立，連環可解矣。

八、如何體悟「天地一體」？

天地一體的廣包胸懷是解、立「物論」的前提，如何方能獲致這種面對整個宇宙、整個知識的基礎心態呢？惠施曰：「氾愛萬物，天地一體」，亦即必須「氾愛萬物」才能體悟天惠施的尚用、重功、勤力、明權種種皆有所本，其所本即本於「愛」（註一一七），可見「愛」在惠學中之重要性。

惠施的愛是氾愛，「氾」有廣、博之意，「愛」本義作「行惠」解（註一一八），亦即懷福萬物之心，有利萬物之行。其「氾」不同於孟子之有等差親疏之別，如盡心篇所謂「親親而仁民，仁民而愛物」，惠施主平等而「去尊」（註一一九）。其「愛」不同於墨子之兼愛，墨子兼愛本於天志，而惠施則於辨物、應物而出。並且其所愛之對象並不止於人，更及於萬物。如釋文李云：「愛出於身而所愛在物，天地爲首足，萬物爲五藏，故肝膽之別合於一人，一人之別合於一體也。」（註一二〇）

爲何氾愛萬物可體悟天地一體，而具廣包萬有以應物之胸懷呢？因「愛」可連繫人與人之疏離，打消人與物之隔閡，通達人與己之迷障。唯有同情的了解諸事萬物，設身處地的爲對象物著想，如對方之思想，方能包容各種不同之物論，瞭然各論有限之觀點，及其相對觀點下所論之物。故惠施亦主「有情」，認爲「人而無情，何以謂之人」（莊子．德充符）。

故惠施的思想以「歷物」始，透過層層轉折而以「愛物」終。一言以蔽之：「若想認識這個世界，先愛這個世界吧！」

註釋

① 據史記卷七十四孟子荀卿列傳之說，及何啓民著公孫龍與公孫龍子中的考辨，頁1～13。

② 據錢穆著先秦諸子繫年，頁619。及楊俊光著公孫龍子蠡測，頁1。

③ 見徐復觀著公孫龍子講疏，頁10、11。及汪奠基著中國邏輯思想史料分析，頁190。

④ 同註②之一。

⑤ 見史記卷七十六集解引劉向別錄：「齊使鄒衍過趙，平原君見公孫龍及其徒綦母子之屬，論白馬非馬之辯，以問鄒子。」另與孔穿論難見公孫龍子跡府篇。

⑥ 見呂氏春秋應言篇及審應覽。

⑦ 見史記卷七十六平原君虞卿列傳。

⑧ 參見中國子學名著集成，名家輯要，珍本82，頁555。及龐樸著公孫龍子研究，頁52。

⑨ 如清人姚際恆云：「漢志所載而隋志無之，其爲後人僞作奚疑！」另鄭樵、陳振孫、馬端臨等人亦有疑議。參見龐樸著公龍子研究，頁52。

⑩ 如杜國庠引劉向別錄所記鄒衍批評公孫龍子的話，證明「現存六篇之非僞作」。見杜著先秦諸子的若干研究，頁4～5。另欒調甫列舉五點理由證明隋志道家之守白論即爲公孫龍子書，且蕭登福亦舉證公孫

龍子書不僅唐初尚在，魏晋六朝時原書也應當還在。見蕭登福著公孫龍子與名家，頁9～12。此外，龐樸更以結構嚴整、體糸周密爲據，而認今本公孫龍子即古本公孫龍子。見龐著公孫龍子研究，頁51～70。

⑪參見楊俊光著公孫龍子蠡測，頁5～8。及蕭登福著公孫龍子與名家，頁12～14。

⑫同註⑧之一，頁555～616。其他相關版本請參閱何啓民著公孫龍與公孫龍子，下篇第三，頁222～229。

⑬見註②之二，楊著，頁277～302。

⑭見呂氏春秋審應覽，審應篇。（林品石註譯呂氏春秋今註今譯下册，頁551。）

⑮如註⑧之二，龐著，頁47。及陳癸淼註譯公孫龍子今註今譯，頁143云：「研究公孫龍子，從其各篇次第而言，應先通過名實論，而後再及他篇，才能有一個總持的瞭解。」

⑯同註⑮陳癸淼著，頁144。

⑰參見李賢中著「公孫龍子有關認識問題之研究」，頁18～47。

⑱參見蕭登福著「公孫龍子與名家」，頁173所云：「公孫龍『名實論』和『指物論』兩篇，同樣是在探討名與實兩者間之問題。……」

⑲參見尉遲淦著「公孫龍哲學的理解與批判」，頁137。

⑳見堅白論：「白以目（見）……堅以手（知）」。

㉑見陳癸淼著「公孫龍子今註今譯」，頁41。

㉒同註⑰，頁31。

㉓同註⑱，頁64～65。
㉔謝希深註：「相指者，相是非也」「指，皆謂是非也」，見四部備要，子部公孫龍子、尸子（全）中華書局據守山閣本校刊，頁6。
㉕見呂思勉著經子解題，頁140～141。
㉖見馮友蘭著中國哲學史，頁257。
㉗見景昌極著哲學論文集，頁323。及胡適著中國古代哲學史二冊，頁101。
㉘徐復觀云：「指，係認識能力及由認識能力指向於物時所得之映象。」見公孫龍子講疏，頁13。
㉙同註⑲，頁74～80。
㉚見甲骨文集釋第五卷，頁1643。
㉛同註③之一，徐著，頁47、48。
㉜吳璵註譯尚書讀本，頁56～60。
㉝蔣伯潛廣解四書，頁133、135。及史次耘註譯孟子今註今譯，頁315、316。
㉞見伍非百著先秦名學七書之四，頁522。
㉟同註⑧之二，龐著，頁21。
㊱同註㉞，頁521。伍云：「上指字謂能指，下指字謂所指也。」
㊲同註⑱，頁50。蕭云：指非指，意謂指並不是眞有實體，物實，指虛。可見第二指爲有實體之對象物。
㊳同註㉟，頁22。

㊴ 同註⑰，頁26。

㊵ 對象物所呈現種種訊息乃物名，即指物論「天下無指者，生於物之各有名，不爲指也」之「物名」。

㊶ 材指材用。此處材類指牛與雞相較，前者可爲人役用故爲材，雞不可役用故屬不材。見註⑱頁87～88。

㊷ 參見註㉑，頁43。

㊸ 名實論原文：「天地與其所產焉，物也。物以物其所物而不過焉，實也。實以實其所實而不曠焉，位也。出其所位，非位；位其所位焉，正也。」指物論：「物也者，天下之所有也。」

㊹ 同註⑰，頁25～28。

㊺ 參閱註㉑，頁16、17。及勞思光著「公孫龍子指物篇疏證」，頁27～28。

㊻ 參見註㉞，頁520。

㊼ 此處俞樾將「兼」校改爲「無」，龐樸、屈志清等多本註本皆從之，然錢穆云：此兼字實不誤。依堅白論前後對照，及公孫龍思想之整體觀之，錢穆所云甚是！參見錢著中國學術思想史論叢㈡，頁497。

㊽ 見正中形音義綜合大字典，頁1709。

㊾ 參見前述第一問：物是什麼？

㊿ 見註⑱，頁155。及註㉘，頁39。

51 見王琯著公孫龍子懸解云：「凡名某物，與其名某物之自性相通相符合而不過分，其某物之自性相，即謂之實。」又見註⑲，頁114，云：「萬物之存在各有其正位，顯示其有限定之本質。」

52 同註⑱，頁156。

㊾同註㉘，頁39。

㊿同註⑰，頁52。

(55)小篆「位」从人立，乃古代君臣相聚於廟堂之上，各人所著之位置，上下左右皆有一定，不得零亂，故位」本義，許愼說文解作：「列中廷之左右」。

(56)見郭宏才著「公孫龍子研究」頁47。師大國文研究所集刊，廿二號，頁527。

(57)同註㊽，頁780。

(58)胡適於「疑其所正」上，據經說下，補「不以其所不正」六字，曰舊脫。王琯、陳柱本從之。另馬驌繹史本補「以其所不正」五字，伍非百、譚戒甫從之。此乃對「疑」字意未能把握所致。金文「疑」，林義光氏曰：从矢，从止（此字變體，此，所止也）……本義當作「定」，見註㊽，頁1067。又俞樾云：疑當讀如詩「靡所止疑」之疑，毛傳曰：疑，定也。徐復觀、陳癸淼從之。故本文亦採此合理之解。

(59)見註③之一，徐著，頁41。

(60)同註⑧之二，龐著，頁49。

(61)見高誘注呂氏春秋淫辭篇。

(62)見錢穆先秦諸子繫年第125條惠施卒年考，頁380

(63)見戰國策魏第二及呂氏春秋愛類篇。

(64)見戰國策楚第三及韓非子內儲說上。

(65) 見戰國策魏策二及趙策三。

(66) 見汪奠基著中國邏輯思想史料分析，頁130。

(67) 見溫公頤著先秦邏輯史，頁27。

(68) 見中國子學名著集成，名家輯要（珍本082），惠子提要，及李慕如著莊惠考異，頁33。

(69) 見馮友蘭著中國哲學史，頁271～274。

(70) 同註(69)，另十三事爲：雞三足。火不熱。輪不輾地。目不見。指不至、至不絕。矩不方、規不可以爲圓。鑿不圍枘。飛鳥之影未嘗動也。鏃矢之疾而有不行不止之時。狗非犬。黃馬驪牛三。孤駒未嘗有母。一尺之棰，日取其半，萬世不竭等。

(71) 見汪奠基中國邏輯思想史料分析，頁148～156。及溫公頤著先秦邏輯史，頁33。

(72) 見牟宗三著名家與荀子，惠施與辯者之徒之怪說，頁3～24。

(73) 見哲學論集十九期，丁原植著惠施邏輯思想之形上基礎，頁83～125。

(74) 見胡適中國古代哲學史第二冊頁82～90。及渡邊秀方著中國哲學史概論，頁172～176。及虞愚著中國名學，頁102～109。及張其昀「辨析名理的名家」文藝復興月刊102期，頁11～13。

(75) 見嚴靈峯編著無求備齋選集，經子叢著著十冊，惠施等辯者歷物命題試解，頁202～231。

(76) 見哲學論集第十九期，丁原植著惠施邏輯思想之形上基礎，頁83～125。

(77) 見正中形音義大字典，頁191，羅振玉氏以爲从止从秝，足行所至皆禾也，以象經歷之意。

(78) 同註(77)，林義光：當即歷之古文，過也。歷爲經歷之義，故从二禾，二禾者禾再熟也。厂、推移之象。

(79) 見許愼說文，同註(77)。

(80) 見孫中原著中國邏輯史（先秦），頁80。

(81) 參見陳癸淼著「惠施之學術生涯」，鵝湖66、9，頁22。

(82) 同註(73)，頁84。

(83) 即第一章第二節所引述之勞思光基源問題法。

(84) 如胡適中國古代哲學史二冊，頁89結論部份；虞愚中國名學，頁109；李石岑中國哲學講話，頁182；錢穆中國學術思想史論叢㈡頁478，等皆稱第十事爲一斷語、結論、總結、正旨。

(85) 見丁原植著惠施邏輯思想之形上基礎，哲學論集十九期，頁97。

(86) 高亨、莊子今箋頁84曰：經驗中之大，未必爲至大；經驗中之小，未必爲至小。故名家論至大、至小於經驗之外，乃以無外爲至大之定義，以無內爲至小之定義，此定義甚合於邏輯矣。以大一爲至大之假名，以小一爲至小之假名，此假名足表其概念矣，此名家專決於名也。」另馮契著中國古代哲學的邏輯發展頁225、牟宗三著名家與荀子頁6～10，亦皆肯定此一問題乃超經驗，須用抽象思維或名理加以把握。

(87) 此處隱含：非現象界之事物在表達時不得不借用由現象界所從出之概念而加以說明，但由於不足以說明，故必須引出「無」「非」等具有辯證性的概念加以遮撥。

(88) 見李震著中外形上學比較研究（上），頁83，及註(85)，頁95～96。

(89) 見周云之、劉培育著先秦邏輯史，頁57。

⑨⓪陸德明經典釋文引晉人司馬彪云：「物言形爲有，形之外爲無。無形與有，相爲表裡。故形物之厚，盡于無厚。無厚與有，同一體也。其有厚大者，其無厚亦大。高因廣立，有因無積，則其可積，因不可積者。苟其可積，何但千里乎？」莊子集釋，頁1103。

⑨①歷來以幾何學中「點」概念來加以解析此句者頗不乏其人，如：孫中原、周文英、馮契、周云之等人。並參見李石岑著中國哲學講話，頁179。

⑨②同註⑦②，頁7～8。

⑨③莊子·秋水篇有云：「何以知毫末之足以定至細之倪，又何以知天地之足以窮至大之域！」

⑨④同註⑦④之二，頁85。

⑨⑤同註⑥⑨，頁247，另虞愚著中國名學，頁106。

⑨⑥參見李石岑著中國哲學講話，頁180，汪奠基著中國邏輯思想史料分析，頁163。

⑨⑦循實然現象之觀察析論者有孫中原著中國邏輯史，頁81～82，周云之著先秦邏輯史，頁59，及周文英著中國邏輯史稿，頁4，以登高遠眺，地平線處，天地相接，海天一線，或認自然界中本有高原湖泊與低地丘陵等高解之。另胡適於其中國古代哲學史第二冊，頁86，則是以近代科學常識之地圓說、地動說解之，認爲地圓旋轉，故上面有天，下面還有天；上面有澤，下面還有山等予以說明。

⑨⑧見周文英著中國邏輯思想史稿，頁5。

⑨⑨參見胡適中國古代哲學史二冊，頁88。

⑩⓪同註⑧⑨，頁57。

⑩1 如左傳定四年：「國家方危，諸侯方貳，將以襲敵，不亦難乎？」又論語季氏：「及其壯也，血氣方剛，戒之在鬥。」又史記陳涉世家：「趙方西憂秦，南憂楚，其力不能禁我。」之「方」表「當下」。

⑩2 見錢穆著中國學術思想史論叢㈡，頁476。

⑩3 同註⑦1之一。汪奠基著，頁164。

⑩4 步驟的說明本身也是在思想進行過程中截取一段歷程加以說明；故有所謂第一次、第二次之分。

⑩5 參見馮契著中國古代哲學的邏輯發展上册，頁224。云：「大同」屬於一大類，「小同」屬於一小類，例如以動物爲大同，獸類則爲「小同」，這種種屬關係來考察事物之間的同異，叫做「小同異」。

⑩6 如「天與地卑，山與澤平」及「日方中方睨、物方生方死」自同者觀之，天、地、山、澤皆有所同；倘就異者觀之，則天、地、山、澤，中、睨、生、死，又各不相同。

⑩7 同註⑧0，頁85。

⑩8 參見李石岑著中國哲學講話，頁181。

⑩9 同註⑥6，頁167。

⑪0 同註⑦3，頁112，引莊子．齊物論、則陽、寓言等篇內容說明。

⑪1 同註⑦4之一，頁87。

⑪2 同註⑩2，頁477。

⑪3 若以「歷」中確立的「大一」「小一」爲邊際，仍可得出天下之中央，如「與大一、小一等距處」，但此定義實際上仍爲不定；此處惠施並未朝此思路前進。

⑭ 莊子集釋，頁1105，司馬彪云：「天下無方，故所在爲中；循環無端，故所在爲始也。」另同註⑱，頁182，李石岑云：「『天下之中央』是實際上的假定，整個宇宙無處不可作『天下之中央』。

⑮ 見荀子．正名篇云：「名無固實，約之以命實，約定俗成，謂之實名。」

⑯ 此解法與傳統之「因爲天地一體，故氾愛萬物」的說法不同，如成玄英注疏、胡適、李慕如等均採此說。依惠施理路，天地一體是經人選擇後所立之觀點，相對於此觀點，才可說「一體」，並非實然一體，故如何使人願意立於此觀點，則須某些修養，以抵其境界。

⑰ 同註⑫，頁482。

⑱ 同註⑦，氾，頁808～809及愛，頁291。

⑲ 見呂氏春秋．愛類篇有：匡章謂惠施曰：「公之學去尊。」

⑳ 同註⑭之一，頁1105。

第四章　名家思想的相關內涵

第一節　尹文之形名分析

尹文子，姓尹、名文，戰國時代齊人（註一），約生於西元前三六二年，死於西元前二九三年（註二），大約與惠施、莊子、宋鈃同時，而略早於公孫龍子。爲齊稷下士，與鄧析同爲名家者流（註三），其生平事蹟略見於錢基博之尹文子傳，其中引莊子·天下篇、漢書·藝文志、山陽仲長氏原序、說苑·君道篇、公孫龍子·跡府篇、呂氏春秋·先識覽、正名篇等處所云（註四）。

莊子·天下篇在批評尹文子時說：「不累於俗，不飾於物，不苟於人，不忮於衆，願天下之安寧以活民命，人我之養畢足而止，以此白心，古之道術有在於是者；宋鈃、尹文聞其風而說之，作爲華山之冠以自表，接萬物以別有爲始；語心之容，命之曰心之行，以聏合驩，以調海內，請欲置之以爲主。見侮不辱，救民之鬥，禁攻寢兵，救世之戰。以此周行天下，上說下教，雖天下不取，强聒而不舍者也。故曰上下見厭而强見也。雖然，其爲人太多，其自爲太少；曰：『請欲固置五升之飯足矣，先生恐不得飽，弟子雖饑，不忘天下。』……以禁攻寢兵爲外，以情欲寡淺爲內，其大小精粗，其行適至是而止。」（註五）唐鉞認爲上述這段文字是尹文思想最可靠的材料，也是最有系統的記載，他並且依此將尹文的學說分析爲五點：

1.接萬物以別有爲始。

2.情欲寡淺。

3.見侮不辱。

4.禁攻寢兵。

5.願天下之安寧以活民命，人我之養，畢足而止（註六）。

另馮友蘭則將尹文、宋鈃之學說析爲六點，除上述五項之外，再增：語心之容，命之曰心之行（註七）。若以基源問題法加以處理，可試解如下：⑴尹文的根本問題是如何達到天下太平，人民衣食無缺，自給自足？在當時戰亂頻仍的時代裡，唯有先止息戰爭，故⑵如何做到禁攻寢兵？此唯有先除掉導致戰鬥的原因，尹文認爲其因緣自人們受到欺侮而感到屈辱，爲爭而子、出口氣而戰鬥不絕，故⑶如何做到「見侮不辱」？而侮辱之事，往往是因自己所擁有之名聲、財富遭受毀謗、掠奪，然之所以如此又因人之欲望貪得無厭，故(4)如何使人「情欲寡淺」？亦成爲他宣傳之重點，然而要改變人們習以爲常的想法，必先掃除他們心中積非爲是的種種成見，同時爲避免自己所宣傳的理論也淪爲某種主觀成見，故(5)面對萬物的態度應如何？此即：「接萬物以別宥爲始」（註八）。「宥」既涉及各人主觀成見，故語「心之容」「心之行」則必然爲尹文「別宥」所要關注的層面了；此即其思想之大要。

其他幾處尹文子與齊王的對話，有涉及見侮不鬥者（註九），有涉及人君之事者（註十），另有言及尹文幻化之術者（註十一），可略見其言論辯巧之外，有關尹文思想學說的材料，至今僅存尹文子．大道上下兩篇。

有關尹文子書，漢書藝文志有：尹文子一篇，注云：說齊宣王，先公孫龍。隋書經籍志以下的書志皆爲兩卷，四庫總目提要又說是一卷，其言曰：尹文子一卷，周尹文撰。前有魏黃初末，山陽仲長氏序，稱：條次爲上下篇，文獻通考作二卷。此卷（按即今本）亦題大道上下篇，與序相符，而通爲一卷，蓋後人所合併也（註十二）。至於今本尹文子之真僞，近代聚訟紛云；有胡適以爲真書，但不無後人加入的材料（註十三），王夢鷗亦認爲今本尹文子雖有抄襲他書之疑，但只是補輯，並非皆出於僞託（註十四）。王啓湘則以爲尹文子有經後人因其文多而分篇，並自加篇名，雖有脫誤，然並未肯定其書爲僞（註十五）。蕭登福認爲尹文之書真僞莫辨，所論述者並非全是名家之言（註十六）。另認爲今本乃全然僞撰而非補輯者亦有唐鉞列舉十項理由爲證，並指出其內容抄襲自論語陽貨篇、呂氏春秋慎勢篇、壅塞篇、荀子儒效篇等（註十七）。蒙傳銘更列舉十三項理由確認其書爲後人僞作，並述及姚際恆的古今僞書考、顧實的重考古今僞書考、馬敍倫的莊子義證天下篇、張詠霓的諸子大綱、王叔岷的尹文子襲用莊子擧正等書皆認爲尹文子爲僞書（註十八）。

綜上所述，今本尹文子有所雜僞是衆所公認的事實，其不同者，在於或認全僞、或認部份爲僞；認爲全僞者，其擧證涉及：與古本相關記載之比較、與莊子天下篇中尹文思想的比較，以及引語、用字、文體的比較等等（註十九），所列擧的項目雖多，但皆是引述今本尹文子中的一段內文加以批評、挑剔，而對於有利於證明尹文子部份內容非僞者，則避而不談，或予曲解（註廿），即使如唐鉞、蒙傳銘等人所擧之十數項理由都能成立（註廿一），亦不足以完全推翻今本尹文子有部份爲真的可能性，這種以偏蓋全的證明方式，其效力仍然是薄弱、不足的。

吾人認爲真僞相雜或爲後人補輯而成的看法較爲平實，如汪奠基說：尹文的形名學說，在當時完成了一套系統理論，今本尹文子當非形名論全文，他並據郭沫若分析呂氏春秋正名篇採自尹文遺書的兩段話：「名正則治，名喪則亂……」「凡亂者形名不當也……」與今本尹文子上下篇的形名之說頗爲一致，故認爲今本尹文子形名之辯的大部份材料，都是可以肯定的（註廿二）。另王夢鷗也據文獻通考經籍考引述周氏涉筆所看到劉向對尹文子的敍語，更證以今本內容，仍可見有相符合的地方，他說：「今本尹文子與鄧析子，其流傳的經過情形相似，大抵都是經過後人大量補輯而成的，唯因鄧析子的原書殘落過甚，而補輯之文太多，形成喧賓奪主，便更像是一部僞書。至於尹文子，因原文頗存大略，所以胡先生（胡適）倒認是真書了。」（註廿三）羅光教授說：「尹文子的書和鄧析子一樣，也屬僞作，爲後人集合名家、法家和道家的言論而成的，這些言論也有可能是鄧析和尹文的思想（註廿四）。在真僞相雜的尹文子中，到底那些才是他本人的思想呢？

從上面的分析，吾人⑴首先可排除近代學者所指出明顯非尹文子的部份思想。⑵根據天下篇中尹文的思想，特別是「語心之容，命之曰心之行」的內心思想。⑶根據汪奠基所肯定尹文子中大部份有關形名之辨的材料。⑷根據先秦名家目前可考較爲確定的材料，參考前述公孫龍、惠施的思想，尋溯其可能發展之思路，來確立尹文子的思想內涵。所參考之相關版本包括明萬曆四年刊本、明天啓間蔣氏三徑齋刊本、明末葉方疑刊十二子本（註廿五），伍非百尹文子略注原文（註廿六），及王啓湘尹文子校詮原文（註廿七）。以下即以問題串聯之方式將其思想鋪陳如下：

一、如何確立宇宙萬象的秩序性？

此承續前述莊子天下篇中尹文思想，有關面對萬物之態度問題；「接萬物以別有爲始」此乃面對萬物的一個起點，今本尹文子則進一步指出，就人而言，如何使宇宙萬象可有序不亂。

大道上云：「大道無形，稱器有名。」又云「大道不稱，衆有必名。」尹文首先區分出形上之「道」與形下之「器」兩大範疇（註廿八），由於形上之「道」無形、無狀，不可稱謂，因此尹文所面對的對象乃是有形之「器」，並以正名與正形的方式來處理此一範疇內之衆有。如其云：「今萬物具存，不以名正之則亂，萬名具列，不以形應之則乖；故形名者，不可不正也。」故宇宙萬象之所以能有序不亂，即在於形名相符：以名正形、以形應名。

二、「名」有那些類別？

尹文將「名」分爲三類：「名有三科，法有四呈。一曰命物之名，方圓白黑是也；二曰毀譽之名，善惡貴賤是也；三曰況謂之名，賢愚愛憎是也。」

㈠命物之名：是依對象物外形特徵而定立之名，此對象物必爲視、觸等感官所能把握的具體有形之器物。故常以形（方圓）、色（黑白）爲命名之根據。

㈡毀譽之名：是由對象而來之主觀評價所定之名。其對象常爲抽象無形之事態，而非具體有形之器物，並且，其名之定立必然涉及定名者主觀內在之評價標準。故常以價值概念之善惡、社會地位之貴賤爲命名之根據。

㈢況謂之名：此包含了由對象而來之主觀評價及依其評價而與之對應的相對態度，依此兩者分別所定之名。其對象亦常爲抽象無形之事況，並且其名之定立除涉及定名者主觀之評價標準外，亦涉及各人個性上好惡觀感之差異性。故常以相對評價之賢愚、主觀好惡之愛憎爲命名之根據。

嚴格說來，尹文這種分類方式有其混淆之處，特別是在毀譽之名及況謂之名（註廿九），就其分析重點觀之，則尹文是由所指之對象立言，而不是從「名」自身性質來分類（註卅），也因其從「名」所指之事物分類，這種分類是無法完全窮盡的（註卅一）。

不過，從尹文子對「名」的分類中也可以看出他所關切的領域，仍脫離不了政治、倫理之範疇；同時在他的這種分類中，「名」的定位一方面涉及事物的種種客觀性質，另一方面，也無可避免地涉及了定名者許多主觀的因素。

三、「名」的作用爲何？

「名」的作用在於「正形」與「定分」。

大道上云：「名也者，正形者也，形正由名，則名不可差，故仲尼云：『必也正名乎，名不正則言不順也』」。「名」的作用在於正形，而正形之名乃不可乖誤之名，亦即在正形之前，應先正名。尹文的正名思想與孔子的正名思想相似，因此，其「名」亦含有「名分」之意，如大道上云：「君不可與臣業，臣不可侵君事，上下不相侵與，謂之名正。」君臣各有其本分，各盡其職，各守其分，君享君名，臣有臣名，則爲正名，若君臣不務其本然所是之形（註卅二），則需以正名來正形矣。故其云：「大要在乎先正名分，使不相侵雜。」又云「失者，由名分混；得者，由名分察。」可見正名的重要。「正名」一方面可以糾正事物之形，使不正之形導正，另一方面亦可定分，確立轉趨為正的標準分圍，使各人私心私欲不會毫無限制，互相爭競殘害無休。如大道上：「名定，則物不競。分明，則私不行。物不競，非無心；由名定，故無所措其心。私不行，非無欲；由分明，故無所措其欲，然則心欲人人有之，而得同於無心無欲者，制之有道也。」如其所舉之例：「雉兔在野，衆人逐之，分未定也；雞豕滿市，莫有志者，分定故也。」可見尹文子是在心欲人人皆有的前提下，發揮「名」的作用，正形、定分乃是為了建立社會秩序，求治的要求仍重於求知的傾向（註卅三）。

四、「名」與「形」的關係如何？

「名」與「形」是互相對應的兩個概念，但是兩者並不相同；形、名的關係，一屬在彼，一屬在我，原非同物，故人雖以名命形，而形非名；物雖以形應名，而名非形，形之與名，不可密合為一，又不能分離為二，即名求實，未必是實，但舍名求實，而實又不可見（註卅四）。大道上：「名者，名形者也；形者，應名者也。然形非正名也，名非正形也，則形之與名，居然別矣；不可相亂，亦不可相無。」（註卅五）

「名」既然是命「形」者，則名的產生即是來自「形」；而羣物之「形」本身即有其客觀性，並不因人是否以名命之而有所增益、減損。如大道上云：「道生於不稱，則羣形自得其方圓，名生於方圓，則衆名得其所稱也。」（註卅六）依此，名乃依物形而立，亦即先有物、再有名；由於名有：命物、毀譽、況謂之名的不同，因此，名與形的對應關係也有所不同。如其云：「有形者必有名，有名者未必有形，形而不名，未必失其方圓白黑之實；名而無形，不可不尋名以檢其差。」（註卅七）其中「有形者必有名」其名是得自客觀具體有形的實物，爲有形色可見者而成之「具體名詞」，亦即命物之名。具體名詞所指的形實存在是客觀的，既使不予以指名，仍不會影響該物存在之實然所是。而「有名者未必有形」其名則是得自事物的關係、概念的定義、主觀的評價或其他無形的事態、概念等，爲「抽象名詞」，亦即毀譽、況謂之名。抽象之名並無客觀實物可指，因此，這種名詞必須嚴加分析、確立界說，或依其定義的形式，來檢驗它們的差異性（註卅八）。

「名」與「形」不同，而互相對應，但兩者是否能完全符合，精確無誤呢？依上述的分析，命物之名因有客觀實存之物爲據，或許較爲容易判斷是否相符，但毀譽、況謂等抽象概念則未必盡然；如其云：「善名命善，惡名命惡，故善有善名，惡有惡名。聖賢仁智，命善者也；頑嚚凶愚，命惡者也。今即聖賢仁智之名，以求聖賢仁智之實，未之或盡也；即頑嚚凶愚之名，以求頑嚚凶愚之實，亦未或盡也。」由此可見，尹文子已發現名實相符的困難，名爲善人的行爲未必盡善，名爲惡人的行爲未必盡惡。名未必盡然符實。名與形亦未必相互精確對應無誤（註卅九）。如此，是否應捨棄「名」的處理方式呢？尹文子認爲「名」雖然未能盡物之「實」，但此不足爲患，因「名」仍然有其分別的作用，不可盡廢，而應接受這種名、實間可能的差距，以使萬名萬形不致乖亂，故其云：「使善惡畫然有分，雖未能盡物之實，猶不患其差也。故曰：名不可不辯也。」（註四十）「名」雖然不能百分之百的符合其「實」，但是在相當的程度上仍有分別的作用以使萬名、衆形有序不亂，所謂「今萬物具存，不以名正之則亂，萬名具列，不以形應之則乖。」

尹文子在面對「名不符實」的態度上，雖然是消極的接受而「不患其差」，但他也積極地，以「正名」「辯名」的方式，努力使名與形、名與實的差距減至最小。故曰：「形名者，不可不正也。」

五、如何正形名？

就正形名的程序而言，首先必須正名，然後方能將已正之名來正形；正形名涉及了「正」之意義，「形」的不同及名的性質、名的使用之分辨，亦即所謂的「辯名」。這些問題尹文子中均有所探討。

「正」的意義按說文，本義做「是」解，乃極當之稱；依此，名符其實之「名」即該物之所「是」。「正」亦作「得」解；故含有：因某物之形實呈現而有所得之意。又「正」亦作「定」解，即確定、定立某一名之內涵之意。此外，「正」亦有「治」意，即：使某物之形實符合該名之內涵（註四十一）。其中「得」「定」而「是」即正名之「正」之意，「是」

而後「治」即正形之「正」意。

天地之初，萬物森然，各有其形，原本無名，後經人得物之形、實，定立種種具體之名、抽象之名，而有命物、毀譽、況謂等名的產生，當這些「名」定立而是其所「是」後，以其指稱其他器物或人物、事態，而形、實不符時，即可「治」之而「正形」。故所正之「形」並非原先定名所依之「形」，而是新遇之（物）形或再造、新生之（物）形。此即尹文子一方面說「名生於方圓（之形）」另一方面又說「形正由名」，實際上是指兩個不同的層次，其中並無矛盾（註四十二），（物）形先於名而存在，但正形必先正名。

由於形、名有別，名之所指又分「有形」「無形」之別，因此「正名」之法亦包含一「覆驗」之程序。如大道上云：「故亦有名以檢形，形以定名，名以定事，事以檢名。察其所以然，則形名之與事物，無所隱其理矣。」其中：

(一)「形以定名」，指名的產生由（物）形而來，為求其「正」，故須回溯覆驗該名之內涵是否精確符合該物。如：一白圓之物，以「白圓」之名命之，則應在色、形上檢驗是否的確名符其實，此即「名以檢形」。

(二)「名以定事」，「事」指抽象之名，乃由概念所構成之概念，如：此善事、彼善事……衆善事所形成之「善」概念，或恭、寬、信、敏、惠……等概念所形成之「仁」概念（註四十三），此「事」由其他概念所構成，故曰：「名以定事」。事既然由名而定，爲求其「正」，也須回溯覆驗該事之內涵是否與相關之名的內涵相符，此即「事以檢名」。

再者，由於名實未必盡然相符，故尹文子對名之使用、性質亦加以分辨：

㈠名稱在主、客的適用性上有所差異。

1.命物、況謂之名：名宜屬彼，分宜屬我。如其云：「名宜屬彼，分宜屬我。我愛白而憎黑，韻商而舍徵，好膻而惡焦，嗜甘而逆苦。白、黑、商、徵、膻、焦、甘、苦，彼之名也。愛、憎、韻、舍、好、惡、嗜、逆，我之分也。定此名分，則萬事不亂也。」(註四十四)其中在彼者爲命物之名，在我者爲況謂之名。

2.毀譽、況謂之名：名宜在彼，稱宜在我。大道上又云：「今親賢而疏不肖，賞善而罰惡，賢、不肖、善、惡之名宜在彼；親、疏、賞、罰之稱宜屬我。我之與彼，又復一名，名之察者也。名賢、不肖爲親、疏，名善、惡爲賞、罰，合彼我之一稱而不別之，名之混者也。故曰名稱者不可不察也。」

㈡抽象之名乃隨具體之名而分立，分立之後各不相同。如其云：「語曰『好牛』，不可不察。『好』則物之通稱，『牛』則物之定形，以通稱隨定形，不可窮極者也。設復言『好馬』，則復連於『馬』矣。則『好』所通無方也。設復言『好人』，則復屬於人矣，則『好非人』『人非好』也。則『好牛』『好馬』『好人』之名自離矣。故曰名分不可相亂也。」

總之，正形名，首在正名，而名在形成上由形而定，或由名而定，在「正」的過程上，經得、定、檢（覆驗）而為「正名」，有此「正名」方可「正形」，以名之「實」治之。另在「名」的使用上，須知彼、我之分與通稱、定名之別，此即尹文子正形名之大要。

六、名、實不符之謬誤如何產生？

有關名實不符的謬誤，從尹文子書中可分析為四點，而造成這些謬誤的原因，主要是在「名」的使用時發生；大道上：「世有因名以得實，亦有因名以失實。」因名得實是名實相符；因名失實則因名實不符，如其所舉之例：

㈠悅名而喪實。如「宣王好射，說人之謂己能用強也；其實所用不過三石，以示左右，左右皆引試之，中關而止。皆曰：『不下九石！』宣王悅之。然則宣王用不過三石，而終身以為九石。三石，實也；九石，名也。宣王悅其名而喪其實。」（註四十五）名實不符並非全然由於人的認識不清，而是人在不同的情境中，基於某種動機，故意不去嚴格檢證、清楚確認，或故意說出言不由衷的話，而使名失其實，上例的「情境」與當時的社會階級有關，「動機」則與人的虛榮心、自利心或種種欲望有關（註四十六）。

㈡違名而得實。如「齊有黃公者，好謙卑。有二女，皆國色。以其美也，常謙辭毀之，以為醜惡。醜惡之名遠布，年過而一國無聘者。衛有鰥夫，時冒娶之，果國色。然後曰：

『黃公好謙，故毀其子，不姝美』，於是爭禮之，亦國色也。國色，實也；醜惡，名也。此違名而得實矣。」（註四十七）謙虛是一種美德，但也是造成名實不符的因素之一，此與各人價值觀有關，就「價值」而言，名實相符未必高於某種德行；但在探究名實不符的原因時，則必須承認謙虛的確會造成誤會而使名實不符。

㈢誣名而失實。如「楚人有擔山雉者，路人問：『何鳥也？』擔雉者欺之曰：『鳳凰也。』路人曰：『我聞有鳳凰，今直見之。汝販之乎？』曰：『然。』則十金，弗與；請加倍，乃與之。將欲獻楚王。經宿而鳥死。路人不遑惜金，惟恨不得以獻楚王。國人傳之，咸以爲真鳳凰，貴欲獻之，遂聞楚王。楚王感其欲獻於己，召而厚賜之，過於買鳥之金十倍。」其中名實不符的原因在於蓄意的欺騙、無知以及謠傳。此外，「魏田父得寶玉而棄之」（註四十八）也是由於矇騙和無知而導致名實不符的例證。

㈣名義歧解。如大道下：「鄭人謂玉未理者爲璞，周人謂鼠未臘者爲璞。周人懷璞謂鄭賈曰：『欲買璞乎？』鄭賈曰：『欲之。』出其璞，視之，乃鼠也，因謝不取。」此乃「同名異實」之例，顯示名的意義乃約定俗成者。另有「同名異謂」之例，如大道下：「康衢長者字僮曰『善搏』，字犬曰『善噬』，賓客不過其門者三年，長者怪而問之，人以實對，於是改之，賓客復往。」又如「莊里丈人，字長子曰盜，少子曰毆；盜出行，其父在後追呼之，曰盜盜。吏聞，因縛之，其父呼毆喻吏，遽而聲不轉，但言毆毆，吏因毆之，幾殪。」名在上的多變性。

成立時，有其一定的內涵，倘若故意違反俗約，造成誤解是無法避免的，由於在日常生活中確實存在許多歧義名詞，且俗約又有地域性而非全盡普遍的，故尹文子亦指出「名」在使用上的多變性。

依上述，造成名實不符謬誤的因素有：情境、動機、價值觀、欺騙、謠傳、無知，及「名」在使用時的多義性等；亦即「名」的意義要透過上列種種相關因素的考慮才能確定。

總而言之，今本尹文子中將「道」「器」對揚，以「名」來處理形器世界，以形名相應的方式來確立宇宙萬象的秩序性，進而分辨「名」之種類與作用，釐清形、名之關係以正形名，並尋索名實不符的原因以求治。在原文中或言形名、或言名實，「形」「實」兩概念並無嚴格區分（註四十九）但尹文子的形名分析顯然已從具體存在進至抽象存在，在他之前，鄧析雖然能通達具體的「事」中抽象之「理」，但未清楚說明；他雖不及後來公孫龍的苛察繳繞，但定名、通稱之別已為公孫龍「白馬非馬」之先聲，所以他可說是先秦名家承先啓後的一個關鍵人物（註五十）。

第二節　鄧析之循名責實

鄧析，春秋末年鄭國人，約生於西元前五四五年，卒於西元前五〇一年（註五十一），生處時代約與老子、孔子、子產同時，而較惠施、尹文、公孫龍子爲早。劉向別錄說：「鄧析好形名之學，操兩可之辭，設無窮之辯，數難子產法，子產無以應。」（註五十二）由此可略見其性格。

關於「兩可之辭」見於呂氏春秋・審應覽・離謂篇：「洧水甚大，鄭之富人有溺者，人得其死者，富人請贖之，其人求金甚多，以告鄧析，鄧析曰：『安之，人必莫之賣矣。』得死者患之，以告鄧析，鄧析又答之曰：『安之，此必無所更買矣。』」

有關「數難子產之法」亦同見於離謂篇之兩段文字：「鄭國多相縣以書者，子產令無縣書，鄧析致之；子產令無致書，鄧析倚之；令無窮則鄧析應之亦無窮矣。」又「子產治鄭，鄧析務難之。與民之有獄者約，大獄一衣，小獄襦袴，民之獻衣襦袴而學訟者，不可勝數。以非爲是，以是爲非，是非無度，而可與不可日變。所欲勝，因勝；所欲罪，因罪。」正因鄧析有此言行，因此歷來對於鄧析的批評，除左傳作者記當時輿論對鄧析之死大有憐才之意，因而不滿意執政者之處置外（註五十三），其他大多毀之而無譽（註五十四）。

如此，鄧析的思想是否有研究之價值呢？漢書・藝文志敍九流十家，以鄧析列爲名家之首，可見鄧析的思想在當時必有相當的影響力和重要性。荀子・非十二子篇云：「不法先王，不是禮義，而好治怪說，玩琦辭，甚察而不惠，辯而無用，多事而寡功，不可以爲治綱紀，然而其持之有故，其言之成理，足以欺惑愚衆，是惠施、鄧析也。」其他書篇亦多所批評，不勝枚舉（註五十五）。鄧析雖然飽受歷代學者批評，但「其持之有故，其言之成理」的思想却是值得研究的，如南宋晁公武讀書志云：「九流皆出於晚周，其書各有所長，而不能有所失……然則析之書，豈可盡廢哉？左傳云：『駟歂殺析而用其竹刑。』班固錄析書於名家之首，則析之學蓋兼名法家也。今其大旨訐而刻。真其言，無可疑者。」（註五十六）

鄧析的思想既不可盡廢，其「理」其「故」亦值得探討，然現存鄧析之史料是否可取呢？現存的鄧析子一書，自南宋學者懷疑其可靠性以後，便迭遭批駁，到了現代，幾乎被說得一文不值（註五十七）。今考漢書・藝文志著錄鄧析子，只有兩篇；隋書・經籍志爲一卷，舊唐書・經籍志及新唐書・經籍志亦爲一卷；至宋史・藝文志則復爲二卷。四庫提要之言曰：「其書漢志作二篇，今本仍分無厚、轉辭二篇，而併爲一卷。然其文節次不相屬，似亦掇拾之本也。」又晉魯勝說：「自鄧析至秦時，名家者世有篇籍，率頗難知，後學莫復傳習；於今五百餘歲，遂亡絕。」由此可見，今本鄧析子極有可能爲後人附益補綴之書，其中所掇拾者，經伍非百整理，有出於：管子、鬼谷子、淮南子、文子、愼子、莊子、韓非子等諸條（註五十八）。雖然如此，王夢鷗則認為其中某些掇拾者，很難斷定是誰抄誰的，他並且詳細舉證，從今本無厚、轉辭兩篇之內容與鄧析生平意旨相通，又其理路又與尹文、公孫龍相通。周云之亦云鄧析子中的內容有些思想與呂覽中保留的鄧析思想是相通的，以證明今本鄧析子仍有真實部份，並非全然偽託（註五十九）。

再者，唐人李善注文選，前後引用今本鄧析子文字達十三條之多，引文大都與今文相同（註六十）。李注向為學術界所重視，無厚、轉辭兩篇不及四千字，竟被引用十三條，可見唐人對今本鄧析子並不視為全屬偽書（註六十一）。在面對此一不十分確定之史料的態度方面，王啓湘亦云：「然其書雖偽，究非隋唐以前人不能為，以其深明古訓，非近代人所能及也。……古人有言，與其過而廢也，無寧過而存之。」（註六十二）此外，汪奠基亦云：「我們合起秦、漢前的散篇記載與今本鄧析子來選錄分析，也可能還是接近歷史事實的。」（註六十三）

基於上述種種分析，可見今本鄧析子作為研究先秦名家思想之材料而言，仍有其可取者，故特將此節置於最後，回溯前述公孫龍、惠施、尹文子思想之理路發展，並參考近代學者之研究成果，擇取與名、實問題相關之內容，以問題串聯方式，將鄧析子思想鋪陳於後。（註六十四）

一、如何成明君以治世？

凡思想言說必有對象，觀鄧析子無厚篇有多處論及「明君」「明王」之事，如「循名責實，君之事也；奉法宣令，臣之職也。下不得自擅，上操其柄而不理者，未之有也。」又云：「循名責實，察法立威，是明王也」及「治世，位不可越，職不可亂。百官有司，各務其形。上循名以督實，下奉教而不違」。以上三處論及明君治世的問題，都涉及「循名責實」，可見循名責實爲明君治世的基本方法，其「名」含有名位、名分之意，而「實」則可由「各務其形」得見，無厚篇有云「明於形者，分不過於事」（註六十五），轉辭篇云「緣形而責實，臣愼其重誅之至，于是不敢行其私矣」。可見「實」由「形」而顯，乃指：職事或行爲之事實。此名實觀與孔子正名思想頗近，但孔子是以倫理道德的觀點重新安立周文本身之有效性（註六十六），而鄧析子則將其眼界擴及於萬物，如無厚篇有云「明君審一，萬物自定」（註六十七），進而指出名與實互相限定的關係，故轉辭篇云：「循名責實，實之極也。按實定名，名之極也，參以相平，轉而相成，故得之形名。」而有「形名」之論。

二、如何循名？

無厚篇云：「名不可以外務，智不可以從他，求諸己之謂也。」可見循名之要，乃在於求諸己，然而爲何須求諸己呢？無厚篇又云：「夫自見之，明；借人見之，闇也。自聞之，聰；借人聞之，聾也。明君知此，則去就之分定矣。」於是，循名之所以求諸己而不外務，乃爲使自己耳聰目明，能有正確的判斷，而不受旁人的干擾、誤導。亦即掌握名實的認識活動，只有依統治者主觀的智慧來完成（註六十八），「名」若靠主觀的智慧來完成，故無厚篇又云「有物者，意也。」（註六十九）

三、如何求諸己？

轉辭篇「緣身以責名」，名以謂物，而物又因人之「意」而有，因此，求諸已即在於已「意」之作用。「身」本義作「躬」，有人、物居中之主體義，「意」字从心从音，本義作「志」解，乃心所著想者或以「心之起爲意」（註七十），「意」即心的種種活動。轉辭篇云：「心欲安靜，慮欲深遠。」「意」應如何作用呢？無厚篇云：「意無賢、慮無忠、行無道，言虛如受實，萬事畢。」可見「意」的作用方向即在於「無」，不論意、慮的內心活動或發而爲外顯之語言行爲，皆以「無」爲原則。此「無」即老子的「無爲」思想，羅光教授說：「無爲在人生之道的意義就是：不要在人性之上，加上人爲的因素，並且貴靜而不貴動。」（註七十一）嚴靈峯教授說：老子由於「用無」而進一步提出「無爲」的理論，而「用無」又是依據「有無相生」的原理（註七十二），而世間種種美、惡，是、非的相對性都是憑主觀的成心所造成（註七十三），因此「無」亦含有在一切有聲、有形、已兆、已然的種種現象之前，內心處於無成見之價值中立、順其自然之狀態，如此方能有所真見，轉辭篇：「爲出於不爲，視於無有，則得其所見。聽於無聲，則得其所聞。」然如何才能達此境界呢？無厚篇云：「誠，聽能聞於無聲，視能見於無形，計能規於未兆，慮能防於未然；斯無他也，不以耳聽，則通於無聲矣，不以目視，則照於無形矣，不以心計，則達於無兆矣，不以知慮，則合於未然矣。」可見「求諸己」不僅在於超越一切感官之「意」的作用，更須超越一切思想意慮，而導源於無爲之自然大公胸懷，如轉辭篇最後的一段話所云：「目貴明、耳貴聽、心貴公，以天下之目視，則無不見；以天下之耳聽，則無不聞；以天下之智慮，則無不知，得此三術則存於不爲也。」

鄧析子指出「己」必須有此深厚內涵，方可做爲「名不可外務而內求諸己」之基礎。

四、如何責實？

責實在於循名，而「循名」之法依前述乃緣於己身之「意」，而意所本之「心」又須以大公、無爲之胸懷爲基礎，故鄧析・無厚篇云「守虛責實，而萬事畢」，亦即循名之心乃以「虛」爲境。然則循名責實的過程又如何呢？無厚篇云：「見其象、致其形、循其理、正其名、得其端、知其情。」

繫辭傳云：「易也者，象也。象也者，像也。」這是說一切變遷進化都只是一個象的作用，象，有象效之意，凡象效之事與所仿效的原本，都叫做象（註七十四）。見其象之「象」引申其意，應含蓄著：自然界之種種現象、萬物各自之形象，以及人行爲舉措之貌相等義。上述之象，就「有物者，意也」觀之，亦包含因物象而引起之意象，即是概念。

「形」本義作「象形」（見說文徐箋），乃畫成其物之意，以其爲畫文，故而从彡，又以幵从「二干」有合二爲一之意，形爲畫成物象，必求與物之實體肖似如一（註七十五）。羅光教授說：「形字的古義，和刑相通。刑字的原字爲型，即是模型，形字便也有模型的意義。」（註七十六）「致其形」之「致」乃由物象而得意象之努力，若取形之「象形」義，乃使所生之意象與物象儘可能肖似如一。若取形之「模型」義，則物象雖衆，然各有其類，如無厚篇：「故談者別殊類」，各類之事物形似，故其等意象亦如一而同形。象與形兩字之涵意可通，就認識而言，象有形之意，而在形之先；象乃隱約之形，形乃清楚之象。

見其象、致其形爲事物之象、事物之形，故循其理之「理」亦爲事物之理，事物之理爲何？依鄧析子即爲事物的本性，現象的發展有其必然性，如無厚篇云：「體痛者，口不能不呼；心悅者，顏不能不笑；責疲者以舉千鈞，督跛者以及走兔，驅逸足於庭，求猨捷于檻，斯逆理而求之，猶倒裳而索領。」此乃「理」之必然。再者，言談之內涵亦有其客觀性，「名」所指之「實」亦有所常，如無厚篇所云：「夫言榮不若辱，非誠辭也，得不若失，非實談也，不進則退，不喜則憂，不得則亡，此世人之常。」因此必須「循其理、正其名」。

當糾正、或賦予一事物恰當之「名」後，即可獲得對於該事物之思考、表達、溝通的起點，進而獲得該事物之「實」的理解（註七十七），此即「得其端、知其情」。見象、致形、循理、正名、得端、知情，即循名責實之過程，此一過程雖然是透過主觀的智慧來完成，但在責實的過程中亦透顯出鄧析子也肯定了客觀事物變化之「理」，他雖強調：「有物者，意也」，同時於無厚篇中亦云：「因勢而發譽，則行等而名殊……其所以然者，乘勢之在外。」

由上述可區別出鄧析子兩種不同的思考進路：

㈠就「勢」觀之：當事物之名尚未定立時，即其轉辭篇所云：「按實定名，名之極也。」而定名的基礎在於「緣身而責名」（轉辭），故「名不可外務，智不可從他，求諸己之謂也。」（無厚）再由「己」來進行定名之過程：「見其象、致其形、循其理、正其名。」（無厚）。其象、其形、其理皆有所「外」。

㈡就「意」觀之，當事物之名已按實、依形而定時，則「緣名而責形、緣形而責實。」（轉辭）由於定名的基礎在於己、緣於身，故又云：「守虛責實，而萬事畢」（無厚），而責實的過程即：「正其名、得其端、知其情（實）」（無厚），這也就是他在轉辭篇所謂的「循名責實，實之極也」。責實依其「內」。

鄧析子「循名」「責實」這兩種不同的思考進路，及人事上的名分、名位之「名」與自然界萬物之「名」的互相含容，對於在其之後的惠施、尹文子、公孫龍子的思想皆有極大的影響，亦因而開出名家的思想規模。

五、爲何言辯？

有了清楚的認識，方能有正確的表達；在認識上釐清名、實的關係之後，接下來即是探討在表達上言談辯論的相關問題。

鄧析子將辯分爲大辯與小辯。所謂的大辯在所辯的內容上包括了自然、社會、倫理諸事物，並且帶有一種整體的使命感和某種價值導向；小辯則在辯的目的上不一定是要讓別人了解他所說的內容，而是逞口舌之快，作膚淺的論爭，或以異道相非的詭辯之辭。如無厚篇所云：「所謂大辯者：別天下之行，具天下之物，選善退惡，時措其宜，而功立德至矣。小辯則不然：別言異道，以言相射，以行相伐，使民不知其要，無他故焉，知淺故也。」言談辯論的目的爲何？可從「古之辯」得見，如無厚篇云：「故談者，別殊類使不相害，序異端使不相亂，諭志通意，非務相乖也。若飾詞以相亂，匿詞以相移，非古之辯也。」因此，之所以言辯，乃在於分別天下萬物的種類、整理各家各派的思想，並注重表達上溝通的效果，及避免名實混亂造成的誤解；除此之外，言辯也包括了有益於政治之平治此一目的，故無厚篇云：「無益治亂，非所舉也。」（註七十八）過去有人認爲上述原文是戰國正名論者用以反對詭辯論者的說法，但吾人認爲此正是荀子所謂一般辯者「持之有故，言之成理」的積極思想方法（註七十九）。

六、如何言辯？

關於表達上言辯的方法，依鄧析子轉辭篇的內容可分爲下列諸項：

㈠**名實相符**。首先必須確立「名」（概念）在使用上的準確性，明白在不同對象上有主、客，己、他的差異性。如其云：「世間悲、哀、喜、樂、嗔、怒、憂、愁，久惑於此，今轉之：在己爲哀，在他爲悲；在己爲樂，在他爲喜；在己爲嗔，在他爲怒；在己爲愁，在他爲憂；在己若扶之與攜，謝之與讓，故之與先，諾之與已，相去千里也。」（註八十）由此可見，鄧析必然十分詳細地分辨這些概念的內涵，即使是相類似的情緒反應，像悲哀、喜樂、嗔怒、憂愁，依鄧析看來，都必須依使用此一概念的主、客，己、他之分別而應有嚴格的界定。並且，即使在同一主體上，不同的情態、語氣，像扶、攜、謝、讓、故、先、諾、已，也都有差別；鄧析對於「名」所對應之「實」的分辨非常精微，其中已隱約透顯出一名一實的要求。

㈡**確知對象**。必須明確掌握對象的特性，依不同的對象而有不同的對應方式。如其云：「夫言之術：與智者言，依於博；與博者言，依於辯；與辯者言，依於安；與貴者言，依於勢；與富者言，依於豪；與貧者言，依於利；與勇者言，依於敢；與愚者言，依於說。」（註八十一）

㈢**預先準備**。應及早多方蒐集資料，充實言辯之內容。如其云：「不困，在早圖；不

窮，在早稼。」（註八十二）

㈣**時機恰當**。言辯舉措應以「宜」爲準，而非以求勝爲主，並且須以愼重的態度言談，以君子之心面對別人之言語。如其云：「非所宜言，勿言，以避其愆；非所宜爲，勿爲，以避其危；非所宜取，勿取，以避其咎；非所宜爭，勿爭，以避其聲。一言而非，駟馬不能追，一言而急，駟馬不能及。故惡言不出口，苟語不留耳，此謂君子也。」（註八十三）

㈤**相反相成**。應了解各種已發生之現象，有其未發生之狀態，能洞燭機先，方能使自己有正確的對應之道，如其云：「怒出於不怒，爲出於不爲，視於無有，則得其所見，聽於無聲，則得其所聞。故無形者，有形之本，無聲者，有聲之母。」此說明了矛盾相反與有無相成的認識；怒因不怒、爲因不爲，視聽皆須深入到無爲視而視，無爲聽而聽的本有（註八十四）。

㈥**參以相平，轉而相成**。此乃轉辭篇的核心思想，爲上述五項之結論，亦即在表達言辯上，要以「己」「他」的不同主體相參照，以「智」「博」的不同辯辭相參照，以「宜言」「宜爲」的不同言行相參照，以「視」「聽」的有無相參照（註八十五）。如此，正反相參、互相轉換運用，是非同異各得平實，必可不困、不窮。然而，表達言辯乃是以認識爲基礎，認識又是因表達言辯而深入，因此，鄧析子肯定名、實之間彼此限定、互相對應的關係，如其云：「循名責實，實之極也。按實定名，名之極也。參以相平，轉而相成，故得之形名。」宇宙萬物，不斷變化，新名、新實不斷湧現，在此動態的情境中，首先應確立名、實兩端，使名符其實、實符其名（註八十六），如此「參以相平，轉而相成」的相互比較、轉換運用、各得平實方有可能，也才能達成「別殊類使不相害，序異端使不相亂」的言辯目的。

總之，鄧析子的思想以「如何成明君以治世」為基源問題，而在他解決此一問題的探討中，則是以名實、言辯的問題為主要內容，若總括其思想整體，則可謂：循名責實，因之循理，依類辯故，參轉不亂。

註釋

①見高誘呂氏春秋正名篇注，高注云：「尹文，齊人，作名書一篇，在公孫龍前，公孫龍稱之。」

②見唐鉞著尹文和尹文子，清華學報第四卷第一期，頁1166。

③見名家輯要，珍本082，尹文子提要，頁1～2。

④見錢基博著名家五種校讀記，尹文子傳，頁1～3。

⑤其中「請欲置之以爲主」，梁啓超說：「請欲置是情欲寡之誤。」唐鉞則改「請欲置之」爲「情欲寡少」。下文之「請欲固置」，梁、唐皆認乃「情欲固寡」之誤，見黃錦鋐新譯莊子讀本，頁372、376，及註②，頁1158。

⑥見註②，頁1159。

⑦見馮友蘭著中國哲學史，頁188～189。其中「見侮不辱」一條下加救民之鬥；「禁攻寢兵」一條下加救世之戰；「情欲寡淺」一條無「淺」字。

⑧宥同囿，有所蔽叫囿，別囿就是去蔽，不爲主觀成見所蔽。見黃錦鋐新譯莊子讀本，頁372、376。另莊子集釋，成玄英疏：宥，區域也。頁1082、1083。可見宥同囿，又，尸子、廣澤云：「囿其學之相非也。」囿解爲拘泥，見正中形音義綜合大字典，頁257、258。另「別囿」參見呂氏春秋．去宥篇：「鄰父

有與人鄰者……別宥則能全其天矣。」
⑨參見公孫龍子．跡府篇，及呂氏春秋．先識覽正名篇。
⑩參見説苑．君道篇。
⑪參見列子．周穆王篇。
⑫四庫總目提要藝文本，卷177，頁6～7。另亦見王啓湘，周秦名家三子校詮，頁42。
⑬見胡適著中國古代哲學史，第一冊，頁12。
⑭見王夢鷗著戰國時代的名家，中研院史語所集刊44本3分，頁512～518。
⑮見王啓湘著周秦名家三子校詮，頁21。
⑯見蕭登福著公孫龍子與名家，頁1。
⑰同註②，頁1167～1174。
⑱見蒙傳銘著尹文子辯證。師範大學國文研究所集刊，第四號，頁77～86。
⑲同註⑱，頁77～87。及註②，頁1167～1174。
⑳羅根澤曰：「公孫龍．跡府篇、呂氏春秋．正名篇亦言尹文稱『見侮不鬥』之義，其學説如何，略可概見，而今本尹文子，殊不如此。」唐鉞曰：「上篇『見侮不辱』、見推不矜；禁暴息兵，救世之鬥。」按莊子．天下篇：『見侮不辱，救民之鬥，禁攻寢兵，救世之戰。』意思在分開説：以『見侮不辱』，止個人間之鬥狠；以禁攻寢兵，止國家間之戰爭。今乃忽插入『見推不矜』，止管裁對，而大失原意。」見註⑱，頁80。此顯然是未證明尹文子爲僞書，而勉強湊成的理由，何以見得多加『見推不矜』即非尹

文子思想？其原文爲：「接萬物使分，別海內使不雜，見侮不辱，見推不矜，禁暴息兵，救世之門，此人君之德，可以爲主矣。」此不正與莊子．天下篇尹文子思想相符之證乎。

㉑ 同註②，頁1167～1174。及註⑱，頁77～86。

㉒ 見汪奠基著中國邏輯思想史料分析，頁70～71。

㉓ 同註⑭，頁514～515。周氏涉筆曰：「尹文子，稷下能言者，劉向謂其學本莊老，其書先自道以至名，自名以至法。以名爲根，以法爲柄，芟截文義，操制深實。必謂聖人無用於救時，而治亂不係於賢不肖……。」王夢鷗云：「劉向敍原本尹文子其學在『名』與『法』，就這點已可看作鄧析的眞傳了。」

㉔ 見羅光著中國哲學思想史，先秦篇，頁688。

㉕ 同註③，頁151～252。

㉖ 見伍非百著先秦名學七書，頁472～497。其尹文子原文，係據汪繼培校本，并參合道藏本、萬曆本、守山閣本、涵芬樓翻印明本、百子全書本、諸子品節本（明版），擇善而從，並未一一注其出處。

㉗ 同註⑮，頁22～40。

㉘ 繫辭傳上云：「形而上者，謂之道；形而下者，謂之器。」韓非子揚搉篇曰：「夫道者，弘大而無形。」淮南子詮言訓曰：「大道無形。」

㉙ 汪奠基說：「如果視命物之名屬具體的，毀譽之名屬於抽象的，況謂之名屬於相對的，則各類中所舉例證多有未合。」見註㉒，頁76。

㉚ 伍非百云：「尹文一派之形名家，與其他墨儒辯者之「形名家」根本不同。墨辯分名爲達、類、私三

種，荀子分名爲單、兼、共、別四類，皆從名之自身性質立言。而尹文則從名所指之對象立言。」見註㉖，頁476。

㉛若以「名」所指事物分類，則如：文學之名、藝術之名、地理之名……可不斷增加，而非尹文子分的三類所足以含括的。

㉜此「所是之形」乃指君臣應有之行爲表現，包括服飾、儀態、用詞、應對、進退之宜等外顯之形態。

㉝同註㉖，頁476。

㉞在尹文看來，「形」即「實」是第一性的，乃不依人的稱謂而轉移的客觀實在。見孫中原著中國邏輯史，頁136。另見註㉖，頁478。

㉟上海涵芬樓景印正統道藏本尹文子，「名非正形也」下，有「則形也」三字，錢基博曰：「明翻宋本、守山閣本，及湖北崇文官書局刻百子全書本，無『則形也』三字，此衍。」見註④，頁1。

㊱「道生於不稱」句，各本無「道」字。王啓湘尹文子校詮曰：「句首疑脱道字，道生於不稱，與下文名生於方圓句一律。」據以增道字，同註⑮，頁22。另蒙傳銘尹文子疏證、汪奠基選釋亦依王增「道」字，同註⑱，頁95。及註㉒，頁73。

㊲原文「名而不可不尋名以檢其差」句，陶小石曰：「『名而』下，當有『不形』二字。『名而不形』，與『形而不名』相對爲文，即上所謂『有名者未必有形』也。」此外，孫詒讓、陳仲荄、蒙傳銘、汪奠基等人亦據增「無形」二字，見註⑱，頁97，註㉒，頁75。

㊳具體名詞與抽象名詞之意義請參見註㉖，頁474～475。

㊴ 尹文子之「形」與「實」並無嚴格區分，參見註㉞。此處略可分析爲：「形」爲命物之名所對應的，而「實」則用在無形的毀譽、況謂之抽象名詞所指謂者。

㊵ 「畫然有分」，畫，舊作畫，形近而誤，畫然，分別貌。莊子．庚桑楚：「其臣之畫然知者去之」即其義。見註㉖，頁478。又陶小石曰：「畫然當作畫然，以形似，又涉上下文畫字屢見而誤。」見註⑱，頁99。

㊶ 如易．乾：「乾道變化，各正性命」之「正」即「得」之意。又周禮．天官：「歲終則令正歲會，月終則令正月要，旬終則令正日成」註：「正，定也。」另呂覽．順民：「湯克夏而正天下」，其「正」即治也。參見正中形音義綜合大字典，頁780。

㊷ 汪奠基認爲其中有矛盾，見註㉒，頁73～74。

㊸ 論語．陽貨篇：「子張問仁於孔子，孔子曰：『能行五者於天下爲仁矣。』請問之，曰：『恭、寬、信、敏、惠。恭則不侮，寬則得衆，信則人任焉，敏則有功，惠則足以使人。』」

㊹ 「名宜屬彼，分宜屬我」二句，藏本無「分」字，錢基博曰：「守山閣本、百子本『宜屬我』上有『分』字，此脫。」同註④，頁1。

㊺ 「中關而止」句，明萬曆四年刊本及明末葉方疑十二子本作「闕」，明天啓間蔣氏三徑齋刊本作「聞」，同註③，頁165、234、199。王啓湘云：「闕當爲關之譌，音彎，即孟子越人關弓之關也。」同註⑮，頁30。另呂氏春秋．貴直論雍塞篇亦作「關」，高誘注云：關謂關弓，弦正半而止也。」見林品石註譯呂氏春秋今註今譯，頁759～760。

㊻ 此處就宣王而言，乃虛榮之心欲立君威；就左右臣下而言，則為自利之心為求富貴顯達，此皆與人之欲望相關，故尹文子亦强調「情欲寡淺」的重要。

㊼ 孫詒讓曰：「宋本『不姝美』作『姝必美』，是也。據上文黃公有二女，衛人所娶者是其長，故人意其姝必美，而爭禮之。今本作不姝美，屬上毀其子為句，則下二語，文無所承矣。」見註⑱，頁114。

㊽ 大道上：「魏田父有耕於野者，得寶玉徑尺，弗知其玉也，以告鄰人。鄰人陰欲圖之，謂之曰：『此怪石也，畜之弗利其家，弗如復之。』田父雖疑，猶錄以歸，置於廡下。其夜玉明，光照一室，田父稱家大怖，復以告鄰人。鄰人曰：『此怪之徵。遄棄，殃可銷。』於是遽而棄於遠野。鄰人無何，盜之以獻魏王。魏王召玉工相之。玉工望之，再拜而立，『敢賀王得此天下之寶，臣未嘗見。』王問其價，玉工曰：『此無價以當之。五城之都，僅可一觀。』魏王立賜玉者千金，長食上大夫祿。」

㊾ 參見註㉞及㊴。

㊿ 參見註⑭，頁516。

(51) 鄧析卒年，據左傳記他死於魯定公九年（西元前五〇一年）各相關論著皆無異議，如錢穆、汪奠基、孫中原、周云之、溫公頤、王夢鷗等人。至於生年除孫中原著中國邏輯史，頁11，為西元前五六〇年外，其餘或未論及，或定為西元前五四五年，如錢穆、周云之、汪奠基等人之主張。

(52) 除劉向別錄、校上鄧析子敘外，列子·力命篇亦云：「鄧析操兩可之說，設無窮之辭……」等語。

(53) 見明睢陽朱氏刻本，鄧析子序云：「於春秋左氏傳，昭公二十年，而子產卒，子太叔嗣為政，定公八年，太叔卒。駟歂嗣為政。明年乃殺鄧析，而用其竹刑，君子謂子然於是乎不忠，苟有可以加於國家，棄其邪可也。靜女之三章，取彤管焉，竿旄何以告之？取其忠也。故用其道不棄其人。詩之『蔽芾甘棠，勿翦勿伐，召伯所茇』，思其人猶愛其樹也，況用其道，不恤其人乎？」見名家輯要，珍本082，頁29～30。

(54) 鄧析的相關事蹟及褒貶見於列子．力命篇、仲尼篇、楊朱篇；荀子．非十二子篇、儒效篇、宥坐篇；淮南子．氾論篇、詮言篇等。

(55) 同註(54)，又如：高氏子略、宋濂諸子辯、王世貞鄧子序等書所云。見伍非百著先秦名學七書，頁865～866。

(56) 見伍非百著先秦名學七書，頁864。

(57) 見王夢鷗著戰國時代的名家，中央研究院歷史語言研究所集刊44本3分，頁508。

(58) 同註(56)，頁859～860。

(59) 同註(57)，頁508～512。及周云之、劉培育著先秦邏輯史，頁24。

(60) 所引各條條文內容，參見註(56)，頁861～862。

(61) 見汪奠基著中國邏輯思想史料分析，頁29。及溫公頤著先秦邏輯史，頁8。

(62) 見王啓湘撰周秦名家三子校詮，頁3～4。

(63) 同註(61)之一，頁29。

(64) 相關版本以中國子學名著集成，名家輯要，珍本082，宋、明、清等五種版本為主，頁1～150。並參酌伍非百鄧析子辯僞、王啓湘鄧析子校詮等書。

⑥⑤「分不過於事」之過，各版本作「遇」，今從伍非百之疑，改爲「過」。見註⑤⑥，頁846。

⑥⑥見尉遲淦著公孫龍哲學的理解與批判，頁28～33。

⑥⑦「一」即萬物自定的規則，有名實相合，分不過事之意。見註⑥①之一，頁33。

⑥⑧同註⑥①之一，頁33。

⑥⑨汪奠基說：「這是意識第一性論。」同註⑥①之一，頁33。

⑦⓪「身」見正中形音義綜合大字典，頁1820～1821，「意」見頁510。

⑦①見羅光著中國哲學思想史，先秦篇，頁207～209。

⑦②見嚴靈峯著老子哲學中若干重要問題，經子叢著第九冊，頁85。

⑦③見嚴靈峯著老莊哲學之長短，東吳大學哲學系傳習錄第四期，頁288～289。

⑦④見胡適著中國古代哲學史第一冊，頁76。

⑦⑤同註⑦⓪，頁434。

⑦⑥同註⑦①，頁78。

⑦⑦「端」，本義作「直」解（見說文許著），「得其端」之「端」爲「始」之意，如禮．禮運：「人者，天地之心，五行之端也。」注云：「端，始也。」又如荀子．正論：「一物失稱，亂之端也。」故此處「端」解爲起點。

「情」，本義作「發於本性謂之情」（見六書故）「知其情」之情乃「實」之意，如孟子．離婁：「故聲聞過情，君子恥之。」故此處「情」解爲「實」。

78 此處覆宋本為：「無益亂，非舉也。」於理亦可通，因「亂」字源義乃亂絲以手治之，有「亂」義亦有「治」義，就其體言為「亂」，就其用言為「治」，故亂亦訓「治」。見註70，頁30。今從伍非百循文例校改，見註56，頁847。

79 同註61之一，頁34。其中認為此段非鄧析思想者為伍非百，見註56，頁847～848。

80 「謝之與讓，故之與先」，覆宋本作「謝之與議，故之與右」，現從中華書局據指海本校刊，頁9。依淮南子．說林篇改。淮南子．說林篇曰：「扶之與提，謝之與讓，故之與先，諾之與已，也之與矣，相去千里。」又「攜」之本義即「提」，故不必改。

81 「與辯者言，依於安」指海本作「依於要」，乃依鬼谷子．權篇改。

82 「不困，在早圖」各本皆作「不用，在早圖」。王啓湘云：「用，疑當作困。言不困在乎早圖，不窮在乎早稼也。用、困形近，是以致譌。下文云：『君子者，不能自專而好任下，下則智日困而數日窮。』亦以窮、困並言，可以為證。」見註62，頁10。所言甚是，今從之。

83 此文皆以指海本為據，唯「以避其口」各本皆無，王啓湘疑尚有「以避其口」四字，汪奠基則校增為「以避其愆」，現循前後文意，依汪奠基校增，見註61之一，頁40。

84 同註61之一，頁41。

85 同註61之一，頁42。

86 「名符其實」是就「按實定名」而言，此時名尚未定。「實符其名」是就「循名責實」而言，此時名稱已定。

第五章　名實思想的基本架構

第一節　名家四子名實思想的關聯

漢書·藝文志將鄧析、惠施、尹文、公孫龍等人同列爲名家，經三、四章的說明已可略見他們思想的類似性、思路發展的相關性，及探討主題的一致性。本章探討名實思想在理論上的基本架構，是以四子名實思想的整體作爲探討之範圍，因此首節先凸顯名家四子名實思想的關聯性，以作爲擇取這種探討方式的合理根據。

本節以對比法，分三部份說明，分別以鄧析、惠施、尹文的名實思想爲主，與另三子之相關思想相互比較。

甲、以鄧析子爲比較核心

一、鄧析與惠施思想的關聯性

㈠鄧析論「如何循名？」其要在於「求諸己」，無厚篇云：「名不可外務，智不可從他，求諸己之謂也。」而求諸己又在於「意」，轉辭篇云：「有物者，意也。」（註一）此至惠施，論「如何歷物？」則是將「物」納於「歷」中，以思想界對現象界的掌握，建構彼此同異的對應關係，以「歷物」來處理「名」的問題（註二）。此「歷」與「意」其內蘊與作用雖有不同，然皆爲認知主體所具。

㈡鄧析「意」的內蘊以「無」爲原則，在一切有聲、有形、已兆、已然的種種現象之前，內心處於無所成見、價值中立、自然大公之狀態，如此方能有所真見（註三）。惠施亦以廣容的心境，以「我知」包容一切因不同觀點、不同設定而成之相對物論，而「我知」則以大同異，大一之宇宙整體觀點爲基礎（註四）。

㈢在如何責實方面，鄧析．無厚篇有：「守虛責實，而萬事畢」，並以「見其象，致其形；循其理，正其名；得其端，知其情」爲其循名責實的過程（註五）。此由惠施的歷物十事中無法窺見其詳，但從「連環可解」的解析中可引申出一種求實的態度，亦即在任何物論皆爲相對有限的前提下，不排斥其成立之可能，並加以探討其理論內容；且「連環」亦隱含著：各種不同設定下所成立的物論，彼此間都有程度不一的關聯性，可用歷物的方法——比較其等之同、異而呈現出來。

㈣鄧析的「兩可說」在列子・力命篇、呂覽離謂篇皆有所記載（註六）。荀子・儒效篇亦云：「不恤是非，然不然之情……君子不若惠施、鄧析也。」從惠施的歷物之意中，也的確可以發覺「兩可」的表述方式，如第三事的「天與地卑，山與澤平」，第六事的「南方無窮而有窮」，第九事的「我知天下之中央，燕之北、越之南是也。」兩可說雖然違反一般常識與表達方式，但在相對於不同觀點下，皆可以有合理之解釋。鄧析兩可說的意義在於：1.指出同一事態可有不同的觀察角度，或在普遍通則下會有特例的出現（註七）。2.指出語言意含的可變性，亦即「同名異謂」，在「兩可」中此可與彼可雖同名爲「可」，但所謂不同。3.展現「意」自然大公的超越視野，及「言虛如受實」（無厚）的實際運用。

二、鄧析與尹文思想的關聯性

㈠鄧析子・無厚篇云：「明君審一，萬物自定。」尹文子大道上云：「萬事皆歸於一……歸一者簡之至。」可見兩人皆共認萬事萬物同有其所以然且共通之理。

㈡就循名責實之「理」觀之，鄧析子論「如何責實？」分爲定名前、後兩面，當名尚未定，轉辭篇云：「按實定名，名之極也。」當名已定，則可「循名責實，實之極也。」又云：「參以相平，轉而相成，故得之形名。」尹文子論「如何正形名？」當名尚未定，則有所謂：「形以定名。」當名已定，則有「名以定事」，故大道上云：「故亦有名以檢形，形以定名，名以定事，事以檢名。察其所以然，則形名之與事物，無所隱其理矣。」（註八）

㈢就定名的過程觀之，鄧析子・無厚篇云：「見其象，致其形，循其理，正其名。」其中「象」有物象、意象之分，其「形」有物形、類形之別，就個別物象、物形而言，尹文子論「名與形的關係」有云：「有形者必有名。」再就意象或同類衆物合成之類形（普遍概念）而言，尹文子則云：「有名者，未必有形。」（註九）

㈣在名辯方面，鄧析子論「如何言辯？」提及主、客之分別，及在己、在他之差異性。尹文子對名的使用亦强調彼、我之分，名、稱之察（註十），可見兩者思路發展的相關性。

三、鄧析與公孫龍思想的關聯性

㈠鄧析之基源問題爲「如何成明君以治世？」其所提出對治之法即「循名責實」，故無厚篇云：「循名責實，君之事也」「循名責實，察法立威，是明王也」及「上循名以責實，下奉教而不違」等（註十一）。公孫龍亦採同樣的主張而有進一步的理論發展，其名實論云：「至矣哉，古之明王，審其名實，慎其所謂，至矣哉，古之明王。」跡府篇亦云：「公孫龍，六國時辯士也，疾名實之散亂，因資材之所長，爲守白之論……欲推是辯，以正名實而化天下焉。」

㈡對於「物」的認知，鄧析子・無厚篇云：「有物者，意也。」亦即所謂的「物」皆源自於「意」。公孫龍則將此「意」之內涵豐富化，以「指」替代，指物論云：「物莫非指」「天下無指，物無可以謂物」。換言之，即「有物者，指也。」公孫龍以「指」來建構其指向性認識理論。

㈢鄧析的「名實觀」其主要內涵在轉辭篇所謂「循名責實，實之極也，按實定名，名之極也。」公孫龍．名實論則云「夫名，實謂也。」亦即名以謂實，何謂實？云：「物以物其所物而不過焉，實也。」此皆可見公孫龍子思想爲鄧析之進一步伸展——由鄧析「按實定名，名之極也」，故有公孫龍「其正者，正其所實也；正其所實者，正其名也」；由鄧析「循名責實，實之極也」故有公孫龍對「白馬非馬」「二無一」等論題之闡述；從「白馬」「馬」「二」「一」等以責其名之實，進而有：實隨物變、名隨實轉、一名一實、名符其實的名實思想（註十二）。

㈣鄧析論「如何言辯？」首先的要求即名實相符，確立名在使用上的準確性，公孫龍論「如何達成正確的表達？」亦有分別彼此、唯謂、止於、不謂等方法，進而指出一名一實，名符其實的原則。此外，鄧析的「轉辭」爲其「兩可說」的方法（註十三），在呂覽．淫辭篇中亦提及公孫龍子對此法的應用（註十四）。

由上述可見鄧析與惠施、尹文、公孫龍等人思想，皆有理論的關聯。

乙、以惠施爲比較核心

一、惠施與尹文思想的關聯性

㈠惠施探尋宇宙萬物的整體，以大一、小一之名定出宇宙整體在思想界「歷」中的邊際，以發展其相對性認識理論，尹文子亦有宇宙之整體觀，二分道、器兩大範疇，以「名」爲衆有形器世界秩序性的基礎，而有進一步的形名分析，爲其「心」之容、行的主要內涵（註十五）。大道上云「大道無形，稱器有名」，又云「今萬物具存，不以名正之則亂，萬名具列，不以形應之則乖。」就尹文「有名者必有形」而言，其名必須應物，是「心」往外推；惠施的「至大、至小、無內、無外」等「名」則是更高的抽象推理，是「歷」之內求；此亦尹文所謂「有名者未必有形」的抽象之名。

㈡惠施「歷」中抽象之名與尹文所論毀譽、況謂之名雖然不同，但彼此所舉之名皆含有相對性，如惠施的大小、內外、同異、有無等；尹文的善惡、貴賤、愚賢、愛憎等。

㈢惠施以相對性之包容觀點以解物論，尹文論「形名關係」亦指出名實相符之困難而云：「今即聖賢仁智之名，以求聖賢仁智之實，未之或盡也」，進而採「猶不患其差」的辯名態度（註十六）。惠施是相對「知」而包容；尹文是不盡「知」而求知。

二、惠施與公孫龍思想的關聯性

㈠惠施論「如何歷物？」主要集中在比較對象物的同異，而公孫龍論「如何認識對象物？」則涉及認識的條件、認識的過程及表述的方法等（註十七）。以「同異」觀公孫龍子指物論，物之所「同」即在於「物莫非指」之「指」，指之所「異」即在於「而指非指」；且指、物之所異即在於「指也者，天下之所無也；物也者，天下之所有也」之一無、一有。茲就惠施「小同異」觀之，公孫龍．通變論云：「羊與牛唯異，羊有齒，牛無齒；而牛之非羊也，羊之非牛也，未可；是不俱有，而或類焉。」此乃惠施之「大同」。另通變論又云：「羊有角，牛有角，牛之而羊也，羊之而牛也，未可；是俱有，而類之不同也。」此乃惠施之「小同」。再就惠施「大同異」觀之，指物論中「而指非指」雖呈現指、物之異，但就「而指非指」此一辭亦有所指而言，可含容於「物莫非指」之意，此乃惠施之「萬物畢同」。就公孫龍子論「達成正確表達」所要求的「分別彼此、唯謂、止於、一名一實、名符其實」（註十八），其所依循的觀點即惠施的「萬物畢異」。

㈡萬物之間有同異之別，名實之間有彼此之分，同異、彼此之間的離合，就惠施而言，是取「合」而捨「離」，故歷物十事的結論云「汜愛萬物，天地一體。」而公孫龍則是取「離」而捨「合」，故其堅白論之結論云「離也者，天下固獨而正。」

㈢由於惠施是取「合同觀」，故能有包容不同觀點的相對之「知」，其對「物論是否可解？」持肯定的態度，第九事云：「我知天下之中央，燕之北、越之南是也。」以解物論連環。而公孫龍是取「離獨觀」，自然導向「有指不至，有物不盡」的懷疑之「知」，由於主、客的斷離，故其指物論以：「且夫指固自爲非指，奚待於物而乃與爲指？」爲結語。

丙、尹文與公孫龍思想關聯性的對比

㈠尹文論「名與形的關係」，大道上云：「有形者必有名，有名者未必有形。」物不論有形、無形皆可有名。公孫龍論「物」包含有形、無形，皆可指而名之，故云「物莫非指」。尹文．大道上又云：「名者名形者也，形者應名者也。然形非正名也，名非正形也，則形之與名，居然別矣。」形爲所指之物形，名爲代表物形之符號，兩者有別，故公孫龍．指物論亦云「而指非指」（註十九）。

㈡名雖可代表實，但這種名實關係並非完全的符合，因此尹文．大道上云：「今即聖賢仁智之名，以求聖賢仁智之實，未之或盡也。即頑嚚凶愚之名，以求頑嚚凶愚之實，亦未之或盡也。」公孫龍則從指向性認識的觀點指出認識的不完全，而云：「有指不至，有物不盡」（列子．仲尼）及「指不至，至不絕」（莊子．天下）。

㈢尹文子論「如何正形名？」其中雖以正名爲先，正形爲後，但所正之形已不同於定名所依之形，因「名生於方圓」故有「形以定名」，又因「形正由名」，故有「名以定事」（註廿）。公孫龍則將尹文之「形」進一步以「實」取代，故其論「正名的方法」名實論云：「其正者，正其所實也，正其所實者，正其名也。」亦即先正實、定實，再以實正名，此正與尹文相同。另尹文．大道上又云：「名稱者，何彼此而檢虛實者也。」公孫龍子名實論亦云：「其名正，則唯乎其彼此焉。」更進一步提出「唯乎」的觀念。

㈣尹文子對通稱與定形有所分別，大道上云：「語曰：好牛，不可不察。好則物之通稱，牛則物之定形，以通稱隨定形，不可窮極者也。」公孫龍的「白馬非馬」亦與此相類，白爲通稱、馬爲定形，故其白馬論云：「白者不定所白，忘之而可也。」指物論云：「且指者，天下之所兼」，堅白論云：「堅未與石爲堅而物兼」，此「兼」即通稱。又堅白論云：「白固不能自白，惡能白石、物乎？」其中之石、物即尹文所謂之「定形」。

㈤尹文子論「名實的謬誤」中有「名義歧解」一項，舉「玉未理者」及「鼠未臘者」皆名爲「璞」，涉及「同名異實」的問題，另舉「字子爲盜、毆」、「字僮、犬爲善搏、善噬」之例，涉及「同名異謂」的問題。公孫龍論「如何達成正確表達？」中，提出唯謂、止於、不謂等方法，力別名實彼此，以求一名一實、名符其實。此即對治尹文所謂之「名實的謬誤」。

綜合上述先秦名家四子思想的對比，呈現他們相互的關聯性後，四子的名實思想可以一整體視之，並可從中提煉出三項共通的主題及九個主要的概念，以作爲名家名實思想的基本架構。

基本上，名家四子的思想基調在於：「物」的認知、「實」的把握，與「名」的表達。因此，就「物」的認知而言，第㈠項主題集中在：認知的主體其能力與作用爲何？其中的主要概念爲：意、歷、指；亦即如何意物、歷物及指物？就「實」的把握而言，第㈡項主題集中在：所認知的對象爲何？其中的主要概念爲：物、形、實。亦即何者爲正確的認識？再就「名」的表達而言，第㈢項主題集中在：怎樣將正確的認識，無誤的表達出來？其中的主要概念爲：名、正、謂。以下分三節逐節論析。

第一節　意、歷、指

無厚篇云：「異同之不可別、是非之不可定、白黑之不可分、清濁之不可理，久矣。誠，聽能聞于無聲、視能見于無形、計能規于未兆、慮能防于未然，斯無他也；不以耳聽，則通于無聲矣，不以目視，則照於無形矣，不以心計，則達于無兆矣，不以知慮，則合于未然矣。」又云：「有物者，意也」。就鄧析子而言，認知主體的官能有：耳、目、知、心、意……等。這些官能的作用分別是：耳司聽、目司視、知司慮、心司計等；其中耳、目是感覺的外在官能，其所認知的是對象物的聲、形等可感性質，智、心則是理性的內在官能，其作用在於思考、合計。「慮」本義作「謀思」解（說文）乃縝密籌謀計度之意，乃熟思、深思所出者，故从思。又从虍，虍作虎文解，有條貫井然不亂之意。故「慮」即條理分明的思惟（註廿一）。「計」本義作「算」解（說文），乃會合多數而核算，有統合籌謀策畫之意（註廿二）。知司慮，因此「知」有將衆多紛亂的認知材料予以系統化處理的作用；心司計，因此「心」爲統合的官能，可運用思慮的系統資訊，做主動的統籌設計。在「心」的活動中，透過內外官能而識物、表物者爲「意」，故鄧析論循名責實過程：見象、致形、循理、正名、得端、知情後云：「有物者，意也。」「意」本義作「志」解，乃心所著想者，故「意」匯聚內外認知活動於一定之方向作用而有所得，而其方向應在於「無」（註廿三）。

認知主體的認識作用，其目的在於：別同異、定是非、分白黑、理清濁。但鄧析認爲這些內、外官能並不能完全達成這樣的目的，因異同、是非、白黑、清濁皆爲現象物出現後的比較、判分，這種認知並不能徹底無誤的別、定、分、理，反而易隨現象事物的變化湧現而益發混淆不明，如轉辭篇云：「欲之與惡、善之與惡，四者變之失。」無厚篇云：「有知則惑，有心則嶮，有目則眩。」因此除非認知主體的能力可及於無聲、形，未兆、然等變化之先的所以然——「無」，否則不能獲得「絕對之知」——知「道」。管子·內業篇云：「道也者，口之所不能言也，目之所不能視也，耳之所不能聽也，所以修心而正形。」鄧析·無厚篇云：「夫達道者，無知之道也、無能之道也。」又云：「無人者，道也。」

因此，認知的境界可分爲：知「道」的無人之境，與知「物」的有物之境；而知物又可分爲：形、聲的外官之知，與慮、計的內官之知，而成此有物之境者爲「意」。意是心知的後期活動，亦即有所知而後有所意，有所意而識物、表物；識物、表物在於耳、目、知、心的見象、致形、循理、正名、得端、知情，透過循名責實而成所謂之「物」。再則「意」又有導向作用，其或導向於「有物」而有名實之分、同異之別等。其或相對於「有」而導向於「無」以知「道」，就知「道」的絕對之知而言，「意」又爲絕對之知的先期活動，故鄧析之認識主體官能及作用，以「意」爲其核心概念。

尹文的「心之行」「心之容」之內涵，亦類同於鄧析子「心」「意」的作用，然其「心」的作用並未順「無」的方向發展知「道」的理論，而是在導向於「有」的萬物領域中探討形名之理，因此尹文子．大道上起始就二分道、器兩範疇，以無形、有形來分別大道與萬物(註廿四)。

尹文子「心」的功能，依大道篇可分析出四種作用：1.分別的作用。故有主、客之分，形、名之辨與名、分之別，進而「何彼此而檢虛實」。2.有分類的作用。故有名三科、法四呈的分類。名有命物、毀譽、況謂之名；法有不變、齊俗、治衆、平準之法。3.有建立比較標準的作用。如度、量、衡、律、名、法等，大道上云：「故人以度審長短，以量受多少，以衡平輕重，以律均清濁，以名稽虛實，以法定治亂。」4.有判定名實正誤的作用。如悅名喪實、違名得實、誣名失實、名義歧解等等（註廿五）。

此外，尹文之「心」其中有「欲」，有心則物競，有欲則私行，故大道上云：「名定，則物不競；分明，則私不行……然則心欲人人有之，而得同於無心無欲者，制之有道也。」亦即定名分以制人心之私欲。由於其「心」導向於知「萬物」而非知「道」，乃非絕對之知，故其論是非真僞雖然肯定有應然之理，但落於實然欲求又走向相對之論。如其云：「凡天下萬事，皆有是非，吾所不敢誣。是者常是，非者常非，亦吾所信。然是雖常是，有時而不用；非雖常非，有時而必行。故用是而失，有矣；行非而得，有矣。是非之理不同，而更興廢，翻爲我用，則是非焉在哉？」（註廿六）

惠施的「歷」則包含一段認知上的時間歷程，認知主體在這段歷程中，會受對象物的影響而有所變化，故「厂」有推移之象。但主體並非完全處於被動的狀態，而有主動辨識、表達的能力，故有所謂「心游萬物、歷覽辨之」「分別歷說之」的解釋（註廿七）。

從歷物十事結構性理論的闡釋中，惠施的「歷」有可容性，它能將所經歷的對象物納入其內，這種容納並非物質性的，而是精神或形式上的，即將「物」轉化爲「歷物」而納入。這種納入又非雜亂無序的，而是循一定的方式、有規則的排入序列，且以同、異爲排列、分類的標準；因此，「歷」的主要作用就在於辨別同異。

而辨別同異必先有比較，這也是「歷」的另一種功能；比較的對象是已納入「歷」中的

「歷物」，而物之所以能被納入而成爲比較的兩端之一，顯示若能成爲「歷」之對象物，必須具備有某種觀點下的單一性，即使對象是衆多個別性事物、或不斷急速變化之事物，皆可經「歷」的轉化，以「單一之物」納入「歷」中，成爲可比較的兩端之一。

又，凡比較必涉及比之標準，因此，「歷」的主動性可自由設定或取擇不同的標準來進行分類比較，分別出兩物的同異性質，以納入「歷」中之序列。這種序列在「歷」中應爲潛能的先在，有多少「歷物」納入，即呈現其相當規模之格式，無則不現。此潛能先在的序列可以是無窮的（註廿八），故「歷」的容量亦爲可能的無限，可容納無數之「歷物」。

對象物是變化不居的，隨自然律而成壞遷動，「歷」的認知將物轉化爲「歷物」，先成靜態的概念，但此概念於「歷」中則循「歷」之律而動。「歷」之律包含有：分辨、分類、比較、推理、排列、定位、重組……等變化過程。由於「歷」可自由設定、取擇不同標準，因此，「歷」的觀點轉換必然造成「歷物」的相對性、「歷」與「物」的相對性，乃至「歷」與「歷」的相對性、「物論」與「物論」的相對性，如莊子·齊物論所云「彼亦一是非、此亦一是非」。因此，就個別認知主體之「歷」而言，應有其自身邏輯的一致性，以做爲一一物論成立的基礎。

再就「歷」的一般通性而言，惠施歷物之意所透露的線索指出：「歷」必朝向極限擴展，有一種對絕對的渴求，故歷物十事中有「至」（大、小）、「無」（內、外）、「畢」

（同、異）的思想展現（註廿九）。因此，「歷」的應然發展是增益其廣包性，以統合紛芸對象物的不一致，或將各別局部的一致所造成的不協調統合起來。因此，「歷」的本性也有普遍一致、共通一致的作用取向，要求「所歷之物」有整體、全面的把握，並且「歷」在作用發展的過程中，會要求逐步精緻化、系統化、序列化所歷之物。在某一階段完成之「統一歷物」可再次成爲「歷」的對象，而與其它新出現的對象物經「歷」轉化爲「歷物」後，再合併比較，而完成更高之統合（註卅），此「歷」之作用可向無限延伸下去。

最後，「歷」的成全並非以其自身爲保障，而是有賴於非「歷」之「氾愛」爲其基礎，以實現「歷」的認知功能。

公孫龍的「指」，其意義亦包含了一段認知活動、指涉作用的過程（註卅一），預設著某種認知、指涉官能的存在，以及肯定了在指涉後的認知結果。

其指向性認識論顯示認知主體有主動指涉事物的能力，且此能力的實現必須肯定對象物的存在，如指物論云「非有非指也」；無物存在則無所可指。對象物不僅存在，同時還會展現其相當的性質，如名實論所謂：「物以物其所物而不過焉，實也。」亦即對象物的存在爲其認知主體官能作用得以實現的必要條件（註卅二），故指物論云「天下無物，誰徑謂指。」依此，認識的官能一方面有主動指涉、識物的能力，另一方面也有被動接受對象物所呈現出的相當性質所影響。

指涉作用聯繫起主、客兩方的認知關係，就主體而言，有認知的指涉能力；就客體而言，有呈現出而被指涉的形象、性質。若主體的指涉能力強則可更廣、更深的了解、認知對象物；若對象物的形象、性質明顯清晰，則容易爲主體所接受而把握。因此，主體能力的強弱與對象形質的明晦會影響認識的結果；亦即認識結果的正誤與指涉作用的強弱成正比，指涉作用愈強，則認識結果愈清楚、正確。反之，指涉作用愈弱，則認識結果愈模糊、或錯誤。其次，指涉作用又與主體的能力、對象物的呈現成正比；指涉能力愈強則指涉作用愈強；對象物的呈現愈清晰，則指涉作用也愈強；反之則弱。再者，若就同一認識結果而言，則「能指」與「所指」成反比，若指涉能力強，則對象物的呈現弱；若指涉能力弱，則對象物的呈現強。

對象物或是客觀、有形、可感觸的具體物，也可以是主觀、無形、非感官所及者，但不論對象物是有形或無形，經指涉作用所得到的認知結果，皆爲非五官所及的概念或思想，以「無」的方式存在，故指物論有云：「指也者，天下之所無也。」

從不同的指涉對象及所得的不同認知結果，可推知作爲認知主體官能「指」的功能。首先，就認知主體被動接受功能觀之，爲感官的印象作用，其對象爲具體有形之物，在公孫龍子·堅白論中即舉視覺與觸覺兩種官能。就視覺而言，其云「無堅得白，其舉也二」，依守山閣本，宋·謝希深註，其中「二」乃指「石」「白」（註卅三）。此說明了視覺僅能對

「形、色」起作用，而不能對「硬度」有感應，又曰：「視不得其所堅而得其所白者，無堅也。」可見視覺僅能接受它有效功能之內的訊息，而「堅性」即不在其能力範圍之內。觸覺亦然，其云「無白得堅，其舉也二」，觸覺僅能對「形、硬度」起作用，而不能對「色」有感應，故曰：「拊不得其所白而得其所堅者，無白也。」可見觸覺的接收能力也是有限的，「色」即在其能力範圍之外。無堅、無白乃是針對視覺、觸覺兩種官能而言，視、觸兩種官能被印入具體對象的形質訊息，是被動的接受，但張眼去看、伸手觸摸，及心神凝聚注意力欲有所知，則亦含有主動的成分。

其次，就認知主體主動掌握認知對象的功能觀之，公孫龍子提出「神」的觀念，「神」即精神、理智（註卅四），其對象爲無形之普遍概念，堅白論云：「堅未與石爲堅而物兼，未與物爲堅，而堅必堅，其不堅石、物而堅，天下未有若堅，而堅藏。白固不能自白，惡能白石、物乎？若白者必白，則不白物而白焉，黃黑與之然，石其無有，惡取堅白石乎？故離也，離也者因是。」離、藏的普遍概念堅、白，爲神所認知，由於感官作用不能把握這種客觀世界中並不呈現的普遍概念，因此謂之「藏」，「藏」是「有而不見」並非無有，其乃爲「神」所認知之對象。又由於感官所能把握的對象是具體有形的個別堅、個別白，而「神」所把握的是無形的普遍堅、普遍白，因此，公孫龍子斷言：感官作用與心神作用是不同的，故謂之「離」。

「神」的作用是在感官能力的有限處展現，堅白論云：「且猶白以目、以火見，而火不見，則火與目不見，而神見，神不見而見離。」感官作用需要客觀條件的配合，如視覺需光亮的配合方能有所見，但僅有客觀條件的火光仍無所見，可見認知主體的感官在認識作用中仍是必要的；但視覺配合光度的作用結果，只能見「個別之白」，不見「普遍之白」，此乃由「神」所得見，但「神」所見之普遍概念爲「不定所白」，只能消極地知其「不定」，而不能積極地說明普遍概念的本質，何以「不定」？故云「神不見而見離」。又云：「堅以手，而手以捶，是捶與手知而不知，而神與不知，神乎，是之謂離焉。」由於公孫龍子未能解釋認識過程中，個別與普遍的差異原因，未能建立起完整的抽象理論，因此在他看來，感官作用與神的作用是斷離的，也因此他的「神」之作用是近乎直觀的（註卅五）。

認知主體除了有感官的作用、「神」的直觀之外，從認知的過程觀之（註卅六），亦可發現「指」的其他作用。先就認知的橫向過程而言，在經過比較後可得出某一對象物的衆多性質，亦即在認知的各種概念中，可整理各種特徵的關係，因此，至少可以肯定「指」有比較、歸納、整理的作用。次就認知的縱向過程而言，「指」可對同一對象的概念不斷作進一步、更深入的指涉，如以「位」來說明「正」，以「實」來說明「位」，以「物」來說明「實」，以「有」來說明「物」等等，可見「指」有層層轉進，加以解釋的作用。這種解釋作用雖不同於抽象作用，但抽象過程中所得階段性的分類概念，卻可成爲解釋作用的一種型態，如：此對象物是牛、牛是家畜、家畜是獸類、獸類是動物……等，不過在可見的公孫龍子文獻中並未有這層分辨與說明。

名家思想在認知主體方面，意、歷、指的內涵雖然未見有十分嚴密的系統性，但綜合上述，仍可歸結建構出名家對認知官能、能力、作用的看法。在官能方面，有內、外之分，外感官有：視、聽、觸等感覺官能，面對具體可感對象。內感官有：心、知、神等理性官能，處理無形非感對象。在認知能力方面，有被動接受能力、主動辨識能力及可容受性。在認知作用方面，「意」的主要作用在匯聚內、外官能認知活動之所得，並以「無」為其應然導向。「歷」的主要作用是對認知結果做相對比較、統合，並以包容性為其發展方向。「指」的主要作用是指涉作用，其中指涉能力與對象物的呈現為互動狀態。但內、外感官相離，以「神」的直觀作用為認知基礎。

從意、歷、指作用的共通性觀之，1.認知作用有可分析的過程性；2.每一階段過程在理論上有程度不一的相關性；3.過程的進行是將認知對象眾多、雜亂的訊息導向條理化、系統化與精確化，其中包含：認知、辨識、分類、設準、比較、歸納、整理、統合……作用；4.認知主體的能力與作用仍在持續發展中；5.也因此認知的結果是有限的，並非窮盡的全知。

第三節　物、形、實

「物」經意、歷、指的認知而有「形」「實」的觀念出現，認知的對象爲「物」，但表達爲「名」時，所謂者則爲物之「形」或物之「實」。

「物」就其字源意義考察，从牛、勿聲。本義作「萬物」（說文），因牛爲先民日常生活所見之大物，故「物」从牛，引申爲：凡生於天地之間者皆謂之物（註卅七）。尹文子·大道上曾舉「牛則物之定形」，然名家四子除公孫龍對「物」有所定義外，鄧析、惠施、尹文等並未在文獻中對「物」有直接的說明，「物」的意義含蘊在他們思想中的不同脈絡裡。歸結而言，包含下述幾層意義：

㈠**就其發生而言**，物既指成物之因，亦指物成之果，它包含了能產的天地，亦包含著所產之萬物，如公孫龍名實論云：「天地與其所產焉，物也。」

㈡**就人面對其變化而言**，惠施歷物十事有云「物方生方死」，物在時間的歷程中乃持續不斷的變化，相對於人，時有混亂與不定的情況出現，故鄧析·無厚篇云「明君審一，萬物自定」，又云「爲君當若冬日之陽、夏日之陰，萬物自歸」。萬物發展有其本性之所然，如老子十六章云：「夫物芸芸，各復歸其根。」萬物之所以會亂、不定，就老子言即「不知常，妄作凶」，亦即是人不知萬物運動與變化中的不變律則所致（註卅八），至名家則導向以「名」的方式予以安置、定位，使萬物有序而不亂，故尹文·大道上云「名定，則物不競」，大道下云：「以名法治國，萬物所不能亂」，鄧析·無厚篇亦云：「君子并物而錯之。」

㈢就其爲人所認知者而言，其意義爲對象物，亦即被有意識、自覺地當作對象物來處理時，「物」可依感官作用分爲可感與不可感，特別以視覺爲準可分爲有形之物與無形之物。尹文·大道上云「有形者必有名，有名者未必有形」，即指此「物」之兩種意義。至公孫龍子肯定物不論有形、無形皆可經指涉而被認知，故指物論云「物莫非指」，進而以名謂之。

㈣就其爲無形之物而言，又有內在與不定之分。內在無形之物如鄧析·無厚篇「有物者，意也」的意中之物；公孫龍·指物論「指也者，天下之所無也」「物莫非指」的爲「指」之「謂物」；尹文的「通稱」之物；及惠施的「歷物」如大小、同異、內外……，皆爲概念之物。至於不定無形之物出現於公孫龍子思想中，堅白論云：「堅未與石爲堅而物兼，未與物爲堅，而堅必堅；其不堅石、物而堅，天下未有若堅，而堅藏。白固不能自白，惡能白石、物乎？若白者必白，則不白物而白焉，黃黑與之然。」其中獨立自藏，能自白、必堅的「堅」「白」之物（註卅九），就其爲「天下未有」觀之，似非外在；但就其能自藏、使物堅之白之的能動性觀之，又難肯定其爲純然內在；故爲不定之物。

㈤就其爲有形之物而言，均爲客觀外在之具體器物，如尹文・大道上「命物之名，方圓白黑是也」的可見之物，公孫龍・指物論「物也者，天下之所有也」的客觀存在物。

㈥「物」除相對於相異觀點而分爲：能產、所產、有形、無形、內在、不定、外在之物外，亦有整體觀點大共名之「物」，如惠施歷物十事之「萬物畢同、畢異」「天地一體」的畢同、一體之物。於此意義下諸事萬物無一不可爲「物」，意、歷、指，形、實，名、正、謂等亦皆可爲「物」。

其次論「形」，「形」的字源本義作「象形」，乃畫成物象以求與物之實體肖似如一，又有「模型」義（註四十）。在名家而言，「形」是就「物」爲認知對象而凸顯的觀念，此觀念的產生特別是以認知主體外感官的視覺對象爲準，而以有形、無形加以分別。由於在認識作用中，首先自覺到的即外感官的感覺作用，而其中又以視覺功能最廣泛，且受時空的限制最少。倘以認知對象的時空距離比較，在一般情況下，五官中味覺、觸覺都必須與對象物直接接觸，方能有所作用，嗅覺又比味、觸所及的對象來得遠，聽覺則比嗅覺遠，而視覺的「看」則比「聽」的作用更快、所及的對象更遠。如：先見閃電，再聞雷聲；登山遠眺，聽不見瀑布聲却可看得見。因此，以視覺所見之物形爲認知對象的特徵概念，是可理解的。並且，以「形」代「物」也顯示了在認知上的進一步要求，不以籠統之「物」或「象」爲足，而要求比較精確的說明對象物之特徵。鄧析・無厚篇云「見其象，致其形」。

「形」的引申意義包含有：物的形狀、事的形態、人的容貌及人處事的樣態等。如尹文子·大道上云：「牛則物之定形」，公孫龍·白馬論：「馬者，所以命形也。」鄧析子·無厚篇：「夫明於形者，分不過於事。」又云：「百官有司，各務其形。」因此，「形」在名家著作中的脈絡意義有下列四種：

㈠**「形」是認知對象的特徵**。如尹文子·大道上「形而不名，未必失其方圓白黑之實」，此方圓白黑皆對象之特徵，且「形」亦可泛指種種可感之特徵，不限於視覺一種感官作用之對象。鄧析子·無厚篇云「誠，聽能聞於無聲，視能見於無形……不以耳聽則通於無聲矣，不以目視則照於無形矣」，又云「無形者，有形之本」，不論有形、無形皆為認知之對象。

㈡**「形」是認知主體由物象所得之意象**。由一一外在對象物之「物形」轉為該物普遍之「類形」（註四十一）。如由老馬、小馬、黑馬、白馬、黃馬……衆馬形所成「馬」概念之「形」，亦即鄧析·無厚篇的「見其象、致其形」。公孫龍通變論的「是不俱有而或類焉」的「類形」。惠施的「小同」「大同」「畢同」之「同形」。

㈢**「形」是以名稱物的「所稱」，亦即定名之「形」**。如尹文子·大道上云「有形者，必有名」「名生於方圓，則衆名得其所稱也」「大道無形，稱器有名」及「形以定名」等。

㈣**為「名」所正之「形」**。此「形」並非原先定名所依之「形」，而是在定名之後的新遇之物或再造之物形（註四十二）。如古代有角爲可容三升的酒器，定其名爲「觚」，則再造之酒器必須依其形、量方可稱爲「觚」，此即「以名正形」。又如君、臣有其定名之一定內涵，倘君不君、臣不臣時，則可「以名正形」。故鄧析．轉辭篇云「緣名而責形」，尹文子．大道上云「名也者，正形者也，形正由名」，又云「名以檢形」；此等之「形」即爲名所正之「形」。

「形」由「物」而來，顯示對象物之主要特徵，由「形」再進一步的要求精確，即進入「實」的探討。

「實」的字源意義有儲玉貝於室，即「富足」之意。小篆「實」，从宀，从貫，宀示屋舍，貫爲錢貝之貫，其本義作「富」解。另小爾雅廣詁「實，滿也」即今言充實或滿足（註四十三）。如尹文．大道下「農桑以時，倉廩充實」之「實」即是。此外，「實」在一般用法中與「名聲」之「名」相對，其意義爲「事實」。如尹文．大道上云：「世有因名以得實，亦有因名以失實……三石、實也，九石、名也。宣王悅其名而喪其實。」及「國色、實也，醜惡、名也；此違名而得實矣」等，其「實」的意義雖與有意識的認知意義之「實」有關，然並非嚴格的對象之所「是」，或爲概念之「名」所謂之「實」。

略進一層的「實」與前述「形」的意義類似，如鄧析．無厚篇：「百官有司，各務其形，上循名以督實，下奉教而不違。」及尹文．大道上：「名者，名形者也；形者，應名者也。」此「形」即有「實」意，爲「名」所稱之「形」，公孫龍子．名實論則云：「夫名，實謂也」之「實」；此「實」比「形」更進一步確立「物」之特質，鄧析轉辭篇云：「緣身而責名，緣名而責形，緣形而責實。」此由「形」而「實」的思路可見，就對象物而言，「實」較「形」更爲精確。

至公孫龍子則對「實」有明確的定義，其名實論云：「物以物其所物而不過焉，實也。」並且「實以實其所實不曠焉，位也。」前一句說明了「實」透過認識作用，來自「物」的本質，「而不過」則指出此本質有客觀性的限定，爲不變的（註四十四）。後一句說明了「實」與「名」的關係，「實」是表達作用的根據，爲「名」之內涵，「不曠」則指出了此內涵有完整性的限定，是一種規範標準（註四十五）。因此「實」是認識作用與表達作用的中介者，就指向性認識過程而言，做爲「物」本質之「實」是理想的，可因指涉作用的深化而趨近，就其爲認識趨近的標的而言，則又不容否認其存在。

再者，就「夫名，實謂也」的名實關係而論，「實」乃爲定名的標準，鄧析．轉辭篇云「按實定名，名之極也」。另就「實」爲認識過程中階段性結果而言，亦即就其非理想性「物」之性質觀之，「實」可不斷精確化而逐步確立，也是可糾正、改正的，如名實論云：「其正者，正其所實也；正其所實者，正其名也。」鄧析．轉辭篇云：「循名責實，實之極也。」正「實」者爲先定之「名」，其內涵理論上此內涵較被修正之「實」更爲完整。

由上所述，「實」在認識作用中，就其爲對象物之本質而言，爲客觀、不變者。然就表達作用觀之，則爲內在之普遍概念，亦即「內在無形之物」或「意象之類形」，爲主觀、可變者。

第四節　名、正、謂

透過認知主體的作用、認知對象的確立，「名」是表達認知結果的符號，它在相當程度公認、約定的使用中，展現出「物」的特質、「形」的樣態，也承載著「實」的意義。

從字源意義的方向探究，「名」的甲骨文爲「□」，原與「明」爲同一字。金文爲「□」，乃口對物稱名之象（註四十六），小篆「□」說文訓爲「命」，云：「名，自命也，从口从夕，夕者冥也，冥不可見，故以口自名。」乃自稱己名之意。依此，「名」含有明、命物、自命等意義。

在名家四子思想中的「名」與其字源意義有關，但作了更爲廣泛的引申使用，可分析歸納出下列四種意義：

㈠**名分，權位、職分之「名」**。鄧析．無厚篇云：「治世，位不可越，職不可亂，百官有司，各務其形；上循名以督實，下奉教而不違。」尹文．大道上亦云：「君不可與臣業，臣不可侵君事，上下不相侵與，謂之名正。」其中之「名」即是。

㈡名聲，評價、讚譽之「名」。鄧析・無厚篇云：「因勢而發譽，則行等而名殊。」轉辭篇云：「今之爲君，無堯舜之才，而慕堯舜之治，……是以虛慕欲治之名，無益亂世之理也。」尹文・大道上云：「三石，實也；九石，名也，宣王悅其名而喪其實。」公孫龍・跡府篇云：「龍之所以爲名者，乃以白馬之論爾。」其中各「名」即是。

㈢命物，所稱之「名」。就有形器物之「名」而言，尹文・大道上云「大道無形，稱器有名」「命物之名，方圓白黑是也」「名生於方圓，則衆名得其所稱也」，其中的命物、所稱之名，及「牛則物之定形」中之定形之名皆是。就無形事態之名而言，大道上：「毀譽之名，善惡貴賤是也，況謂之名，賢愚愛憎是也」「好，則物之通稱」的通稱之名，及惠施的「大、小、內、外、畢、至、同、異……等」抽象之名皆是。

㈣涉及認知意義之「名」。此「名」又可區別爲下列五種：

1. 謂物、形、實之名。鄧析・無厚篇云：「見其象、致其形、循其理、正其名、得其端、知其情。」轉辭篇云：「參以相平，轉而相成，故得之形名。」及公孫龍・名實論：「夫名，實謂也」之「名」。
2. 正形、實之名。鄧析・無厚篇云：「循名責實，實之極也。」尹文・大道上：「名也者，正形者也，形正由名。」「名以檢形」「名以定事」及「名稱者，何彼此而檢虛實者也。」「以名稽虛實」等已定之「名」。

3.爲形、實所正之名。鄧析・轉辭篇：「按實定名，名之極也。」公孫龍・名實論：「其正者，正其所實也；正其所實者，正其名也。」及尹文・大道上「形以定名」「事以檢名」等未定或不符形、實之名。

4.與形、實符合之名。公孫龍・名實論：「其名正，則唯乎其彼此焉……」之中的「正名」。此「名」在形成與應用上有內涵與外延之分，如公孫龍・白馬論中的「馬者，所以命形也，白者，所以命色也。命色者非命形也，故曰：白馬非馬」。就內涵而言，白馬與馬的內涵不同，必須有彼此之分。就外延而言，馬之外延大於白馬，如其云：「求馬，黃、黑馬皆可致；求白馬，黃、黑馬不可致。」因此，「正名」的進一步分辨即在於分別概念彼此之內涵與外延，使馬之名唯謂馬之實，白馬之名唯謂白馬之實。

5.物所呈現之名。公孫龍指物論：「天下無指者，生於物之各有名，不爲指也。」其中之物名，爲物之種種特徵、形態，乃相對地說明「物」有其客觀、不變的本質之名（註四十七）。

由上述可見，名家之「名」是逐步由政治、倫理、生活上的意義，朝向認知、反省的意義發展，彼此相互關聯。愈是後起的名家學者，其名實思想所含蘊的認知意義愈爲濃厚。

其次論「正」，王國維認爲甲骨文之「正」本義爲「征行」，李敬齋云：「征也，直往曰正。」金文「正」林義光以其本義爲「正鵠」，象正鵠形，从止，矢所止也。小篆「正」从止一，从止謂止於至善，一，謂建中立極之大本，止於建中立極之本，守而勿失，則無往而不見其是、不得其正。故正之本義作「是」解，乃極當之稱（註四十八）。由上述字源意義的考察，「正」有正鵠、直往、是等義，亦即有：確立目標、循一定之規範（直），朝一定方向前進以抵標的而止之意。

名家之「正」乃在認知、表達的意義層面，正的目標即名與形、實相符之「位」。正的規範，若以未定或非位之名爲其所正，則以形、實爲準；若以新生物或再造物之形、實爲其所正，則以原定名之內涵爲準，亦即「不出其所位，且位其所位」（名實論）。正的過程有「得」「定」「是」「治」等不同階段（註四十九）。正，最終止於名符物之本質所「是」。得、定、是、治等乃「正」的使用意義：⑴就「得」而言，是在認知過程中，認知主體把握住對象物所呈現的形、實而有所得的認知結果，如鄧析．無厚篇：「按實定名，名之極也，參以相平，轉而相成，故得之形名。」其中之「得」即是。所得爲與物之形實相符之「名」，因其相符，故謂之「形名」。⑵由於認知作用相應於物之變化（註五十），可持續深入發展，而得更爲精確的認知結果，任何一階段性之所得以「名」謂之，必須將所認識到物之形、實內涵固定下來，於是「正」有「定」的意義。如公孫龍．名實論「以其所正，正其所不正，疑其所正」其中作「定」解之「疑」即是（註五十一）。⑶就「是」而言，有相對之「是」與本然之「是」之分，透過比較與檢證，物之形、實的確認，有精確性程度上的差異，程度高者爲程度低者之所「是」，若不考慮完全錯誤的認識與表達，相對來說，較精確者爲「正」，較不精確者爲「不正」，故有「以其所正，正其所不正」。在認知過程中，對象物相對之「是」爲過程中之「是」，趨向本然之「是」發展；本然之「是」即最終所止之「是」，乃物之本質，爲不過之「實」；表達爲「名」與所謂之「實」有不曠之「位」的名實相符關係。⑷最後，就「治」而言，經得、定而「是」者，爲正形、實或正名之「治」的標準。以物之所「是」治其形、實，亦即名實論：「其正者，正其所實也」之「正」；至「實」已正，即可以「實」正名，亦即大道上之「形以定名」，至「名」已正，新生、後造之物的形、實即可以「名」正之，如轉辭之「循名責實」，大道上之「名也者，正形者也，形正由名」之「正」即是。「治」在認知過程中，不同階段的認知結果、或不同對象物的名實相符之方法上，則包括：分別彼此、唯謂、止於、不謂等要項（註五十二），使此名唯謂此實且止於此實；彼名唯謂彼實且止於彼實，嚴守一名一實之原則。

「正」肯定了「物」的可認識性與可表達性，「物」的「本然所是」使人的認識不致虛妄；另一方面也顯示在認知、表達過程中錯誤的可能性。「正」是在「指」的指涉能力與對象物呈現的互動狀態下，「意」統合內外之知，而有所得、定而是的作用；物之形、實經

「歷」的比較而相對為「是」與「非是」，由「心」判定其名、實正誤而治之，以抵名實相符之「位」。因此，「正」乃正確認知與表達作用中必要的過程。

再者論「謂」，「謂」的本義為「報」，乃稱論人得其當，事得其宜，且品其精粗之詞；在表達上含有進一步分辨之意，亦即在衆多紛雜變化的認知對象中，分辨恰如其分的「名」來對應物之形、實（註五十三）；進而聯繫起在認識與表達上統一的邏輯秩序。

分析「謂」在不同語句脈絡中的意義有：

㈠稱作。如鄧析．轉辭篇：「惡言不出口，苟語不留耳，此謂君子也。」尹文．大道上：「是道治者，謂之善人。」公孫龍．指物論：「天下無指，物無可以謂物。」

㈡意義或解釋。如無厚篇：「所謂大辯者，別天地之行，具天下之物，選善退惡，時措其宜，而功立德至矣。」又「名不可外務、智不可從他，求諸己之謂也。」

㈢定義。如惠施歷物：「至大無外，謂之大一；至小無內，謂之小一。」又「大同而與小同異，此之謂小同異；萬物畢同畢異，此之謂大同異。」其中之「謂」即是。此乃建構某一思想時，對新立之概念，使之有確定內涵的作用，與前述的「稱作」或略進一層的「解釋」不同。

㈣以名應實之作用。如公孫龍．通變論：「謂變非不變可乎？」名實論：「謂彼，而彼不唯乎彼；則彼謂不行。謂此，而此不唯乎此，則此謂不行。」又「夫名，實謂也。」之

「謂」皆是。於此，「謂」是作用方向，「實」是「謂」所向之目標，亦即「所謂」，「名」即「所以謂」。

認知者透過彼此、同異的分辨，而聯繫起名、實兩端，擇定恰當的名來代表實，以構成表達作用即是「謂」。就表達的問題觀之，「謂」除了代表的功能之外，還涉及溝通的作用，亦即必須使別人能夠了解「名」所「謂」之「實」。此不但涉及在認知上物之形、實爲認知主體所掌握的部份，同時亦涉及了表達者在使用某一「名」時心境的意向；對象物會不斷變化，認知者的心境意向也會有所轉變，約定俗成的不同環境也會影響「名」之內涵，因此，在事實上常會有「異名同謂」或「同名異謂」的情形發生。以下就五個方面析論：

1.首先就對象物的變化而言：惠施・歷物：「日方中方睨，物方生方死。」若以「牛」名謂牛，所謂之牛可以爲一活牛，亦可爲一死牛，如「此牛甚强壯」或「此牛甚沉重」。又如「日乃耀眼」或「日乃清明」同以一「日」名謂日，所謂之日，可以是正午之日，或初昇、將落之日；此乃隨對象物的變化，而使「名」之所謂各有不同，而有「同名異謂」的情形發生。

2.就認知、表達者心境意向的轉變而言：鄧析・無厚云：「欲之與惡，善之與惡，四者變之失。」如某人年輕時好逸惡勞，年長時欲勞惡逸，故當其謂「欲者，有益吾身；惡者，有害吾體」，則同以欲，惡之名，在不同心境下，所謂已不相同。又如云「爲善最樂」「除惡務盡」，對應不同的心境，其所樂之「善」可謂：傳播福音、幫助窮困，亦可謂上陣殺敵……等。其所除之「惡」可謂殺人放火、貪污舞弊，亦可謂異端邪說……等。當然，內在心境的轉變並不排除外在環境的刺激與影響，外在現象的呈現也受主觀心思的詮釋而賦予其意義，此內、外因素交互作用，在「謂」時又構成「可轉變的心境意向」。

3.就約定俗成的不同環境而言；亦有「同名異謂」的情形。如尹文．大道下云：「鄭人謂玉未理者爲璞，周人謂鼠未臘者爲璞。」名雖皆爲「璞」，然其所謂不同。此外，亦有「異名同謂」的情形，如：先秦之「鄧析」與今日所謂的「名家第一人」，此兩名雖不同，但所謂則一。又如當今各國語言、文字不同，雖「名」各有異，但皆有所同謂之意含，如此世界各國語文、思想才有翻譯、溝通的可能。

4.就概念的普遍性而言；尹文．大道上云：「名稱者，不可不察也，語曰好牛，不可不察也；好則物之通稱，牛則物之定形，以通稱隨定形，不可窮極者也。……則好牛、好馬、好人之名自離矣。」因此，若某人僅曰一名「好」，則其所謂即有許多的可能性解釋，不可不察。

5.就「實」的確立與「名」的使用相互之關係而言；公孫龍．通變論云：「二無一」，其意即二之實在成立上雖與「一」相關，由「一」「一」組成，但在獨立固定後的概念「二」則與「一」無涉，故通變論有：「二無左」「二無右」「右不可謂二」「左不可謂二」的說明，並且特別指出「謂變非不變」。因此，在認知上是「名依實而立」，但在表達上則是「名隨謂而用」。如「秦始皇」之名是依史實上確有其人而成立，但在今日吾人稱某國元首是秦始皇，則其所謂則不同了。

「謂」除了受客觀對象物之形、實限定外，更多的時候是由用「名」者主觀的意向所取擇運用；因此，「謂」的作用是在表達過程中，最難把捉的活動，一般所說的詭辯（註五十四），往往就是「謂」之觀點的任意轉換，使溝通的作用受阻；但若能將對象物的變化，認知者心境的轉變，相對於不同的環境或不同學術領域的通約，概念的普遍性，名、實的相互關係等因素加以條理的釐清，則可透過「謂」的作用，而有更精確的理解與更清楚的表達，使「正」的效果愈臻佳境。

「謂」是相對於認知、思考、表達動態過程中的一點或一階段而發，若能掌握其「相對者」，則可知其所謂。前述各節的．意、歷、指、物、形、實，及名、正、謂等各主要概念，之所以會有如此衆多不同的使用意義，即在於因使用者於不同語句脈絡中之「所對」不同，因而「同名異謂」地展現出各種不同的意義，這些概念的意義彼此關聯，構成了名家名實思想的基本架構。

註釋

①見第四章第二節第二及第三問答。

②見第三章第二節第五及第六問答。

③同註①第三問答。

④同註②第七問答。

⑤同註①第四問答。

⑥列子．力命篇云：「鄧析操兩可之説，設無窮之辭。」呂覽．離謂篇云：「洧水甚大，鄭之富人有溺者，人得其死者，富人請贖之，其人求金甚多，以告鄧析，鄧析曰：『安之，人必莫之賣矣。』得死者患之，以告鄧析，鄧析又答之曰：『安之，此必無所更買矣。』」

⑦鄧析子．無厚篇云：「天于人，無厚也；君于民，無厚也；父于子，無厚也；兄于弟，無厚也。何以言之？天不能屏勃厲之氣，全夭折之人，使爲善之民必壽，此于民無厚也。凡民有穿窬爲盜者，有詐僞相迷者，此皆生于不足，起于貧窮，而君必執法誅之，此于民無厚也，堯、舜位爲天子，而丹朱、商均爲布衣，此于子無厚也，周公誅管、蔡，此于弟無厚也。推此言之，何厚之有？」

⑧見第四章第二節第四問答，及第一節第五問答。

⑨ 見第四章第一節第四問答。

⑩ 見第四章第二節第六問答，及第一節第五問答。

⑪ 同註①第一問答。

⑫ 見第三章第一節第六問答。

⑬ 見汪奠基著中國邏輯思想史料分析，頁45。

⑭ 呂覽．淫辭篇：「秦趙相與約，約曰：『自今以來，秦之所欲為，趙助之，趙之所欲為，秦助之。』居無幾何，秦興兵攻魏，趙欲救之，秦王不說，使人讓趙王曰：『約曰，秦之所欲為，趙助之，趙之所欲為，秦助之。今秦欲攻魏，而趙因欲救之，此非約也。』趙王以告平原君，平原君以告公孫龍，公孫龍曰：『亦可發使而讓秦王曰：趙欲救之，今秦王獨不助趙，此非約也。』」

⑮ 第三章第二節第一問及第四章第一節第一問。又莊子．天下篇云：「尹文……接萬物以別宥為始；語心之容，命之曰心之行。」

⑯ 見第三章第二節第七問答，及第四章第一節第四問答。

⑰ 見第三章第一節第三問答，及第二節第五問答。

⑱ 同註⑫。

⑲ 見第三章第一節第一問答，及第四章第一節第四問答。

⑳ 見第四章第一節第五問答。

㉑ 正中形音義綜合大字典，頁1571～1572。

㉒同前，頁1666～1667。
㉓見第四章第二節第三問答。
㉔見第四章第一節第一問答。
㉕同前，第六問答。
㉖「天下萬事」原作「天下萬里」，從陳仲荄改正，見蒙傳銘著尹文子辯正，師大國文研究所集刊第四號，頁116。
㉗見第三章第二節，解惠施思想架構的思想界範疇——「歷」。
㉘以相應於大一、小一的畢同、畢異為其兩極，見第三章第二節第五問答。
㉙見歷物第一、第五事。
㉚見第三章第二節第七問答。
㉛見第三章第一節第二問答。
㉜所謂必要條件，即墨辯經上的「小故，有之不必然，無之必不然。」
㉝見四部備要．子部，公孫龍子、尸子，中華書局68年版，頁9。
㉞同前，頁11，及龐樸著公孫龍子研究，頁43。
㉟項退結編譯，西洋哲學辭典第一八二條：「從嚴格的意義來說，直觀是對於某一存在的個別事物所作的直接觀察，而此個別事物亦直接顯示其具體的完整性（即無須其他認識內容的媒介）。因此，就嚴格的意義而言，只有把握住在前面的事物自體的知識，才能稱為直觀；反之，從事物形體所抽象而得的知識

則是抽象的。」頁220～221。

㊱ 見第三章第一節第三問答㈡。

㊲ 同註㉑，頁949。

㊳ 見陳鼓應著老子今註今譯，頁89～92。

㊴ 參見杜國庠著先秦諸子的若干研究，頁13～14。

㊵ 見第四章第二節第四問答。

㊶ 同前註。

㊷ 見第四章第一節第五問答。

㊸ 見今文詁林補第七卷，中央研究院歷史語言研究所，專刊之七十七，頁2045。及註㉑，頁352。

㊹ 見第三章第一節第四問答。

㊺ 同前第五問答。

㊻ 馬敍倫曰：「名與明爲一字，是月向窗子裡進來了之意。」見李孝定編述甲骨文集釋，第二卷，頁351。

另林義光云：「夕即ㄖ之變，象物形，口對物稱名之象。」同註㉑，頁203。

㊼ 參見伍非百著先秦名學七書，頁527。

㊽ 甲骨文集釋，第二卷，頁497～502。另註㉑，頁780。

㊾ 見第四章第一節第五問答。

㊿ 此「物」之變化，包含著對象物或事態的演變、及認知主體的個人或人類認知能力的增强之變易；亦即

認知主、客皆有之變化。

⑤① 見第三章註⑤⑧。

⑤② 見第三章第一節第六問答。

⑤③ 見第三章第一節第四問答。

⑤④ 見項退結編譯西洋哲學辭典第一二一條，所謂的詭辯乃「由於定言論證基於二個概念與一中間概念的比較，因此只能有三個概念，一種推論如因名詞雙關二意而有了四個概念，就不再有作結論的力量。」其中所謂的雙關二意，即來自「謂」的不同，一名不只一謂。

第六章　名與實的關係

第一節　變與不變的思考進路

名家的「名實觀」可從「變」與「不變」的思考進路相互對比而見。萬物皆有變化，變化包括了：動的主體、變化的起點、終點及動力等因素；變化就其過程而言，是變化主體持續的相異性(註一)。本節所論之「變化」，是在認知與表達過程中，主體與對象物的變化問題，「不變」則是就主體內在變化不同階段暫止所確立的名、實，及其兩者相符的問題。

名家四子中除公孫龍子·通變論對於名實離合的變化有所論述外，其他人皆未有針對變化問題而發的專門論述；但在他們的思想中皆肯定變化的存在。諸如鄧析的兩可說、惠施歷物之意的相對性比較、尹文的正形名思想，都是在肯定變化的前提下，由「變」的思考進路，鋪陳他們的名實思想。

公孫龍．名實論有云：「知此之非此也，知此之不在此也，則不謂也。知彼之非彼也，知彼之不在彼也，則不謂也。」其中「非」與「不在」即肯定了對象物的變化，而「知」與「謂」則隨對象物性質或位移的改變而有不同的對應作用，所謂「實隨物變，名隨實轉」。鄧析．無厚篇亦云：「察於動者，用不失于利。」轉辭篇云：「動以其類；安有不應者。」此亦肯定了對象的變動與主體有所知察，隨其物類而動的變化，可收用之利、應之效。另尹文子佚文有云：「鐘鼓之聲，怒而擊之則武，憂而擊之則悲，喜而擊之則樂，其意變、其聲亦變。」（註二）此則肯定了主觀思維、情緒等內在變化對客觀世界的影響，所傳達出來的訊息亦隨之變化。此外，惠施的「天與地卑，山與澤平」「日方中方睨，物方生方死」及「萬物畢異」觀點的成立，也都肯定了萬物的變化。

從惠施歷物之意解析中的三界觀之，現象界中的現象物充滿變化，不論物體的移動、成毀，動植物的生老病死、人事間關係的變遷轉化，都非靜止不動的。思想界相對於現象界的各種變化也隨之而變，意、歷、指的作用皆含有動態的過程性，不僅被動地受外在對象物的遷引而變，意、歷、指中的思想物也因認知主體本身的功能，而有主動的變化以把握物之形、實。再者，表達界則相應於思想界與現象界的變化而轉換名、謂，故有正、名、謂的調整；新造之物、新設之名亦從意、歷、指的認知過程中逐漸形成。

就三界的關係而言，不但三界各自有其變化，並且三界的變化又有相關互動性。因著人的存在，現象界中的萬物已非全然原本之物，透過思想界、表達界的作用，現象界中已充斥著衆多因人而有之物，如食、衣、住、行、育、樂生活各層面及科技發展等諸般人造之物。現象界中物的變化，一方面觸發思想界、表達界中之物的變動，另一方面現象界也承受因其變動而導生的更多變動，容納因其變而有之物。思想界不但受到現象界各物的影響而變動，另一方面也因思想界的作用經由表達、行動而造就了更多因其變動而有、且入於現象界諸般人造物的影響，不斷重新容受、調整物之形、實的認知。表達界也因現象、思想界一發不止的變動，而產生愈趨複雜的名、謂變化，而這種錯綜繁複的變化，表達界本身亦爲促因之一。

如此交錯複雜的變化中，名符其實的認知、表達是否可能？這就必須透過「不變」的思考進路才能予以說明。李震教授云：「中國哲學不只重視變化，更重視不變。如果一切都屬於變化，只屬於變化，而沒有不變，則一切將成爲不可捉摸，不可理喻。」（註三）在先秦哲學中，儒、道兩家承易經原始觀念，透過陰陽二氣，說明天地萬物的變化，進而探求變易中不易的原理和發動第一變化的元始；名家的名實思想則從認識與表達的觀點，一方面肯定萬物的變化，另一方面從「不變」或靜態名、實的把握來處理變化的萬物，進而探求變動萬物的可解之理，而非萬物本根之道，此與儒、道思想發展的方向頗不相同。

鄧析·無厚篇的「循名責實，實之極也；按實定名，名之極也」，其中「極」即有「盡止」之意（註四），乃認知歷程中之「所止」，不然「實」無法確立，「名」亦無法訂立。惠施的「方中、睨、生、死」之「方」亦為現象物入於「歷」中的片斷肯定，不然中、睨、生、死之「名」的意義將混同無別。在「卑、平，無窮、有窮」的相對比較下，雖然得出異於常識的判斷，但每一次比較的標準則是確定、不變的；並且所「歷」之物也必須有某一觀點下的「單一性」，使之成為可比較的兩端之一（註五），亦為由動至靜者。尹文．大道上「名以檢形，形以定名，名以定事，事以檢名」之中的「檢」「定」，也是將形、名、事的內涵加以確定，如此才能有所覆核查驗，不然若仍持續變動不止，則形、名已不成其形、名矣。公孫龍．名實論「以其所正，正其所不正，疑其所正」之中的「正」从止、一，原意即含有「止」之意義，「疑」則作「定」解，乃將「實」確定後再以之正名，也是使變動的現象物、思想物靜止、固定再予把握、處理。堅白論中的「獨而正」也是在動態歷程中的抽離思考，由不變的思考進路所衍生而出的思想，以之為一名一實，名符其實的正確思維、表達奠立基礎。

就「變化」而言，對象物的變化及內在認知官能的種種作用，皆使名所要對應的實之內涵有所變化，故名亦須隨之而變。但就「不變」而言，認知者可將變動的現象物由變動轉為靜止，以定其形、實；表達者亦可將思想物由變動轉為靜止，以名謂之。其中若不經靜止、固定的階段，則名、實皆無法確立，名符其實的關係亦無法構成，因「符合」是一對一的關係。此變與不變、一動一靜的過程亦非漫無止境，就物的本質而言，理想之「實」是此物認知過程的終極，此乃物性之本然，也是以名謂實、名符其實過程中所趨向的標的，爲確實不變者，即名實論「物以物其所物而不過焉」之實。

透過上述變與不變思考進路的對比，吾人已知名家肯定在變化中的認知與表達是可能的；但問題是「如何」可能呢？亦即「變」與「不變」兩者是在怎樣配合的關係下，主體得以確立名、實，使名、實相符呢？此可分四點來說明：

㈠認知主體與客體的變化有相對靜止的可能性。因認知主體在一定範圍內，可以調整其本身認知作用變動的速率，以配合對象物的變動；如飛靶射擊時，射手心凝神聚，快速調整眼、手的動作，及時移動槍口、扣下扳機、擊中目標物一般；對象物變、主體作用亦變，使兩種變動同步進行，就像兩車同向同速前進，彼此間有如靜止一般，如此即可對對象物有所把握。莊子．天下篇，辯者的論題即有「飛鳥之景未嘗動也」，孫中原說：「這是取運動的一個瞬間，認爲這一瞬間曾在一個地方，連它的影子也靜止在那裡，未曾動過。」(註六)運動之物何以有未嘗動之影？此乃主體認知作用的同步進行，在相對靜止下的把握。

㈡當主、客變動速率不同步，且對象物變化較慢時，在一定範圍內，認知主體仍有可能觀察、記憶對象物一段變化的歷程；例如五年前某處有山，如今已移山填海，認知者雖不能隨時觀察挖土運石的過程，但片斷所得仍可聯繫起整個的變化過程，而有完整的認知；就像攝影機拍攝花開、花落之景，再快速播放一般，能將三、五日之變化在三、五秒內呈現。莊子．天下篇辯者之言的「丁子有尾」，及荀子．不苟篇所舉鄧析、惠施之說的「卵有毛」之例即是；其中前者是說明現在無尾之蛙，是由以前有尾之蝌蚪發育變化而成（註七），後者是指現在無羽毛之卵，將來可成長變化爲有羽毛之鳥（註八）。此兩論題是將對象物變化前後的一段歷程，合而觀之而論，雖違一般常識，但卻透顯出主、客的變化雖不同步但仍可認知的意義。

㈢認知主體的「意」「歷」「指」有使現象界中變化之物入於其內而使之靜止的能力；如照像機拍攝的相片，將動態變化的對象物凝止爲靜態的物相，再將此相與其他靜相聯繫組構成連續整體而有所認知，進而確立該物之形、實內涵。莊子．天下篇辯者之言有「鏃矢之疾，而有不行不止之時」，其中「不止」是鏃矢在現象界中的運動變化，「不行」則是思想界中的靜態把握，此與前面㈠的同步變化相關，但「不行、不止」則是就統合主體內、外，對現象界與思想界兩界合一的說明。

㈣由於在變化中的認知是可能的，亦即可以確立「實」之內涵，故在表達方面，靜態的符號——名，可藉動態的活動——謂，來表達「實」的內涵；不僅可謂靜態之物，亦可謂物之動態。如一幅靜態的風景畫，從畫中的景物可表現出：風吹、樹搖、花落、水流……的生動變化一般。此外，有些名本身就承載著變化的意義，如：生生、變易、運動、綿延……，故在變化中的表達是可能的。

綜合上述，現象界之萬物皆有變化，亦有其不變的本質；人亦爲現象界中萬物之一，也有其變與不變。就認識與表達而言，人之所變在於將變化之對象物，透過暫時不變的處理過程，加以把握，以趨向物所不變的理想之實，若排除萬物的根本成因不論，則認知與表達之所以可能，就在於人有「應變而變」的能力，思想界、表達界乃至於部份的現象界，皆由「人」所造成；「人」是定立名、實，並使名實相符的關鍵所在。

第二節　實的變化與確立

「實」在名家的名實思想中不能孤立的探討，必須在其思想的架構中，及變與不變的思考進路下，才能有妥切的說明。

「實」一方面是來自對象物而認知的結果，可呈現概念所指的對象；另一方面也是表達的依據，由於認知主體與對象物常在變化中，因而認知的結果常不相同，因此「實」有變化；又由於變化的內涵不能做爲名之所謂的表達依據，因此「實」須有確立不變之時。

就「實」的變化而言，在前述各章的論析中，吾人從：㈠惠施「歷物」的相對性可見

「實」的變化，同一事物會因認知主體「歷」的觀點轉換或對象物處境的變化，而有不同的認知結果。㈡公孫龍「指物」的縱、橫雙向認識過程，亦可見「實」的變化，同一事物由於觀察、比較、解釋的角度不同，會有程度不一的把握。㈢從「實隨物變」的原則亦可見「實」的變化，因事物的變化或對象的轉換，皆會導致「實」的改變；鄧析循名責實的「意物」亦隨象、形的變化而變（註九）。因此，「實」的變因包含主體認知作用的變化、對象物及其環境的變化。

「實」在認知作用中具有對象性，其內涵來自「物」的限定，就惠施「萬物一體」合同異的觀點，「歷物」乃相對於該物所處之環境、入「歷」之心境中與他物的比較而確立其大同、小同的同異性質，此性質確實性的保障，來自認知主體思想的邏輯一致性，此一致性與其他認知者相比較亦為相對的，相對其視野的範域及立足的觀點；因此，「物」對「實」的限定，依惠施而言，乃來自對象物與他物之間的關係。又由於「歷」有增益其廣包性以統合衆多觀點、關係，以求普遍一致的作用；因此「實」的把握是在互動關係中，逐步趨近整體性、完整性的確立；進一步說，亦即若能完全知一物之「實」，就可全知萬物之「實」，因一物與萬物間所有關係的窮盡，也就是萬物間彼此關係的完全窮盡，此預設奠基於其「萬物一體」之「一」的肯定。故無限廣包與一致性是「物」本質之「實」的必要條件，趨近或相對之「實」則以廣包且一致性的程度，相對而有是、非、正、誤之分。

就公孫龍「固獨而正」離堅白的觀點，其指物論雖然無法徹底的達到「指至物盡」的地步，但隨著縱、橫雙向認識愈趨廣泛、更加深入的指、謂過程，而能獲得一些逐漸精確的認知結果，亦即朝「物」的本質所是而趨近，但所趨近的「物」之本質，並非由萬物間的關係所臻定，而可剝離萬物及其關係的束縛，能單獨予以審察，故其名實論對「實」的定義即就某物之是其所是而論，從「物以物其所物而不過焉」可見「實」的內涵是客觀的，本有其一定的範圍，不得逾越，若有所過即非該物之「實」了。因此，對萬物的認識乃識得一物是一物，萬物各自獨立，各有其「實」，此與惠施思想迥異。依公孫龍而言，「實」的變化即在於趨近其「物」的本質，而此理想之「實」則以客觀性與獨立性爲其必要條件，因此趨近或相對之「實」則以客觀與獨立性的程度，相對而有是、非、正、誤之分。

從「實隨物變」的原則觀之，「實」乃由對象物的認知而來，此對象物可以是現象界中外在有形之物，也可以是思想界中內在無形之物。有形之物的變化有：生、滅及物體的變動，而物體的變動又有性質、分量的變化及處所的變動（註十），凡「方生方死、方中方睨」之物，或「此之非此，彼之非彼；此之不在此，彼之不在彼」之物的變化，皆爲有形之物的變化，當其「物」變，則其「實」亦隨之而變，如：冰化爲水、水變爲汽，其「實」隨其物」的不同限定而有不同內涵。

就無形之物的變化而言，其「實」之變即在異、同比較下，概念之離、合。惠施認爲萬物皆可有同、異比較的性質，其比較之標準雖可因人而異，然而如何判斷兩概念之異、同，以爲離、合之準據，則未見詳論。公孫龍．通變論中「二無一」的論題，舉「羊合牛非馬」「牛合羊非雞」兩例，即進一步處理此問題，說明「羊」「牛」此二概念如何合成「羊牛」之新「實」。設以牛、羊爲「物」，「牛」「羊」爲「實」，客觀實存的牛、羊無法相合，所能相合者乃思想中之概念，公孫龍認爲兩「實」之可離、可合，在於確定兩「實」之同異，而同異的判分，應以兩「實」的全部內涵相比較，而不能僅從某一內涵的比較下斷論，如其云：「是不俱有而或類焉」，就「異」而論，不可以兩「實」的某一內涵的相異，而判定兩「實」在「類」上的不同，如其云：「羊與牛唯異，羊有齒，牛無齒；而牛之非羊也，羊之非牛也，未可。」（註十一）因「牛」「羊」除有無上齒之差異外，其他仍有許多內涵相同，可歸爲一類，不可忽略。通變論又云：「是俱有，而類之不同也。」就「同」而論，也不可以兩「實」的某一內涵之相同，而判定兩「實」完全相同，如其云：「羊有角，牛有角，牛之而羊也，羊之而牛也，未可。」因「羊」「牛」除同有角外，其他仍有許多內涵不同，「羊」「牛」各有其類，不可混同。

兩「實」的離、合在於全部內涵的比較，兩概念的相合就在於比較後的取同去異；以兩概念相同之內涵做爲新「實」之內涵。「羊牛」與「羊」「牛」在形成上相關——取其等之同、去其等之異，但在合成「羊牛」此一新實之後，則與原先之「羊」「牛」有別，而爲一獨立之概念。並且，公孫龍有意指出一個合成的新概念之內涵的確立，有賴於其與另外概念的比較，亦即在於此一新概念的使用，以呈現其形成前後的分別，進而確定其獨立之內涵。故云「羊合牛非馬，牛合羊非雞」，以新合成之「實」與馬、雞相比較，以確定「羊牛」之獨立內涵。

由上述可得知「實」的確立，相對主體而言，一方面是對象物的變化暫告一段落，主體認知作用能有所把握，同時另一方面則是主體將其所「得」在使用、比較中，將其內涵確定（註十二），亦即「可予其名」是確立「實」的最後步驟，此即涉及上一章名家名實思想基本架構中，另一重要概念「正」的作用，透過「正」之：得、定而是的過程，將「實」確立起來，並且其相對之「是」乃變化、趨近之「實」；其本然之「是」乃不變、理想之「實」。此就惠施歷物之意而言，其「得」在於某物與他物關係的構成，其「定」在於主體視野範域的暫時固定，其相對之「是」乃是在大同、小同的關係中確立其相對一致的意義；其本然之「是」則為無限廣包、統合一致的不變內涵。

總之，⑴「實」的變因涉及主體、客體及其所在環境的變化。⑵「實」的種類有可變者與不變者，可變者乃趨近、相對之「實」，不變者為本質、理想之「實」。⑶惠施與公孫龍對於「實」的看法雖不盡相同，但可變之「實」其所變皆有一定之方向性，朝本質之「實」發展而精確化。⑷「實」隨有形之物而變，必須受該物質、量、位移的種種限定而調整其內涵；「實」隨無形之物而變，則在於充分比較異同後，概念之離合。(5)「實」的確立在於得、定而是之後「名」的賦予，在使用、比較下確立。是故，「實」變化的起點在於肯定「物」的存在，其變化的完成在於「名」的出現，而其變化的終極在於「物」之本質。就人的認知而言，「實」的變化與確立仍在持續進行中。

第三節　名的性質與名實相符的辯證關係

「名」是代表「實」的一種符號，此符號所承載的意義即在於「實」的內涵；因此，「名」一方面直接指代表事物之符號，另一方面則間接指事物之概念。當認知活動由變趨至不變時，主體一方面把握住物之「實」，另一方面即產生代表此「實」之符號。因此，「名」的形成就在於「實」的確立，鄧析的「按實定名」，尹文的「形以定名」及公孫龍名實論中「名隨實轉」的原則，都明白指出「名」來自「實」，且隨「實」而變。

「名」雖依「實」而有，但並不等同於實，尹文．大道上即云：「形之與名居然別矣，不可相亂，亦不可相無」其不可相亂即「名」不同於「實」，其不可相無，則顯示「無實，名不可立；無名，實不可知」（註十三），名、實兩者相互依存的密切關係。此代表「實」之「名」也可由變與不變的觀點，來判分其不同的性質與作用；首先，就「不變」而言：

㈠**「名」有指涉性**。「名」之所以可代表「實」，就因「名」具有此指涉性；「實」是認知主體對「物」特性的把握，而「名」是將其所把握的內涵以聲音、圖象或文字等呈現出來，因此「名」必須關涉及「實」才有意義，純粹獨立的一個符號，不足以爲「名」。公孫龍．指物論「物莫非指」之「指」即有這層意義，就其經指涉作用而得的認知結果言，「指」即名實論中「夫名，實謂也」的謂實之「名」（註十四）；因此「名」不僅有表達的作用，也有認知的作用。

㈡**「名」有約定性**。公孫龍．名實論：「故彼彼當乎彼，則唯乎彼，其謂行彼。此此當乎此，則唯乎此，其謂行此。其以當而當也，以當而當，正也。」其中，所以謂之「名」有彼、此之分，所謂之「實」也有彼、此之別，以彼名謂彼實、此名謂此實爲妥當、正確。而何者爲「彼」，何者爲「此」，及彼、此之間的聯繫關係確當，除相同的認知外，更需要使用「名」的人相互的約定，公孫龍「唯謂、止於、不謂」的「一名一實，名符其實」的原則，就是這種約定性的嚴格要求。並且這種約定性應該是客觀、普遍的共識，而非僅主觀或區域性的認定，如此「名」才能有表達、溝通的作用，如尹文．大道下中，一名「璞」分別在鄭人或周人的約定中，其表達、溝通的作用皆不成問題，但若擴大到周人與鄭人之間的使用，其「璞」之名則造成歧解的誤會（註十五）。因此，若破壞「名」的約定性，也就破壞了「名」之表達、溝通的功能。鄧析論言辯的目的，無厚篇所謂的「諭志通意，非務相乖」，其「名」的使用也必須遵守約定性才可以達成。

㈢「名」有界定性。鄧析的「誠辭」與「實談」肯定「名」所謂之「實」有一定的內涵，不可混同。其無厚篇云：「夫言榮不若辱，非誠辭也；得不若失，非實談也。不進則退，不喜則憂，不得則亡，此世人之常。」「實」由變以至於不變的確立，在於可有所「名」，亦即「名」可將「實」的內涵呈現出來，不僅有所呈現，並且所呈現者也限定了該「實」的內涵範圍，如「謂」的定義作用，一方面將思想界的一些概念界定其意義，同時也限定了認知作用中其他變化對於其所謂之「實」內涵的增減。公孫龍．名實論的「實以實其所實不曠焉，位也」，其名實相符之「位」就有賴「名」的界定。於是「名」的界定性也有限定的作用，老子「無名」思想即針對「名」這種限定作用而發，因萬物本根之「道」的「實」是不能被「名」所限，故其「無、非、不」等否定性字眼的使用，就在解消「名」的限定作用。尹文的「大道不稱，衆有必名」顯示「道」以外的衆有皆受「名」的限定，方能得其所稱乃不致乖亂，因而「名」的界定性也有正形、實，定名分的作用，進而有安定社會秩序之「治」的功能（註十六）。

由上述「名」的指涉性可見「名」是顯示「實」的工具，是經由「名」以知「實」，而非僅止於「名」爲足。而由「名」的約定性可見某一謂「實」之符號，並非具備必然的代表性，可因新的約定而改變不同的表達方式，如莊子．天下篇辯者所謂「犬可以爲羊」即是（註十七）。又由「名」的界定性可見「名」的限定作用已排除其他變化的不確定性；但「名」並非純然靜態、僵化的工具，而是在動態的使用中發揮它的作用與功能，因此，從變化的角度而言，「名」也有下面的性質：

㈠**「名」有互動性**。從「實隨物變，名隨實轉」的原則看，「名」是相對於「實」而具有意義，當「實」有所變化，指謂該「實」之「名」也應隨之而變。再者，從「名依實而立，但隨謂而用」的原則看，當「謂」有所變動時，則「名」亦應隨之而變，不過在實際表達的進行中，「名」的使用顯示：若「實」不變則名不變，但「謂」未必不變，亦即一名可能不只一「謂」；因此同一名也可能不僅謂一「實」，而造成多義名詞；這是「名」既依「實」、又隨「謂」而變的互動性變化所導致的結果。

㈡**「名」有增長性**。此乃指同一「名」的意義會在實際使用中，不斷地豐富、增加其內涵，亦即某一「名」所代表的「實」會愈來愈多；有如某人能力漸强，擔任職務衆多，在他名片上的頭銜愈來愈多一般。隨著人的認知、思考的不斷發展、深化，許多新把握到的「實」在尚未構成新的約定之前，常無法用一一獨立的新「名」加以指謂，而在表達時往往會取擇相關類似的舊「名」來謂新「實」；直到相當多的使用者能清楚分辨、界定而逐漸構成新的約定後，才獨立成一新「名」謂該新「實」(註十八)。可是在未達此一階段前，原「名」是具有增長性的，且新「名」在以後的發展使用中，也會逐漸豐富其內涵而具增長性。如第五章各主要概念在解析過程中所衍生的許多意涵即是。

㈢「名」有含糊性。從「謂」的變化而言，在實際「名」的使用中會有「同名異謂」與「異名同謂」的情形發生(註十九)，又由於前述「名」在變化中的互動性與增長性，導致「名」的意義呈現含糊性。當「名」在使用中一方面受到立名之「實」的牽制，另一方面又受到用名之「謂」的影響，「名」的意義在未辨明之前，會游移在「所指」與「所謂」之間，如「指」之名由手指之「實」而來，但「指」之名又可謂：所指之物、能指之官能、指物之作用等等。又當「名」的意義在使用中逐漸增長而尚未抵新約之名時，「名」常是以類似、隱約的方式謂物。如以「形」之名謂「物」之外形，又可泛指「物」之種種可感的特徵，再增其意可謂認知主體由物象所得之意象……乃至「實」之名的出現(註廿)，於此過程中「形」的意義不斷被擴充，其意義則呈含糊性。

變與不變乃相對而立，變者相對於不變者成其為「變」，不變者相對於變者成其「不變」。⑴「名」的互動性使其指涉性由單向指涉轉為多向指涉，其原因在於新的認識必須以先前舊有的認識結果爲基礎來加以說明；而新的認識結果的確定性又被要求新「名」的單向指涉。⑵「名」的增長性使其約定性逐漸跳脫原本之約定，其原因在於衆人相互的約定，需要較長的時間，而認知的進行則是在較短的時間內完成的；亦即「名」的約定速度必然是落在認知與思維速度之後的；雖然如此，新的表達之確定性仍有賴新約的建立。⑶「名」的含糊性混淆了「名」的界定性，使限定作用鬆散，其原因在於「物」是不斷變化的，由「物」而來的「實」在認知的把握中也是變動發展的，而「名」只是顯示「實」的符號，其意義必隨之而變；並且，「謂」除了顯示原本定名之「實」的作用外，「謂」也有呈現尚未定名之「實」的作用，而「名」的意義也隨「謂」的變化而變。不過即使如此，思維的確定性仍有賴「名」之界定性以達成。

故，「名」變化的起點在於「實」的確立，其變化的進行主要受到「謂」的影響，而其變化的完成則在於名實相符之「位」。並且，「名」與「實」的關係，就是從「位」轉變爲名實不符的「非位」，再由「非位」導正爲名實相符的「正位」，這種持續深化、精確化的發展過程。而名家四子的名實思想也正是在這種名、實關係下，開展他們的理論，企圖解決「非位」的問題，以求「名實相符」。

鄧析．轉辭篇論如何言辯，首先即針對令人困惑的悲、哀、喜、樂、嗔、怒、憂、愁等含糊之「名」提出「名實相符」的原則，他著眼於用名者主、客，己、他的差別，而對謂實之「名」有精微的分辨；無厚篇更把「循名責實」的責任歸諸於國君，能夠「循名責實」者方爲明王。尹文的形名分析則先分別「不稱之大道」與「可名之衆有」，從能有所名的形器世界入手，三分命物、毀譽、況謂之名，他正形名的思想包含著「定名」的「名符其實」，以及「定事」的「實符其名」，進而指出「名實不符」的謬誤。惠施肯定萬物的變化，以歷物的方式間接處理名、實的問題，其歷物的方法在於透過同、異的相對比較，來建構「歷」與「物」、「歷」與「歷物」的對應關係，進而在確立的範圍、論域及相對觀點下，由主體自身的邏輯一致性來保障「名實相符」的可能，再進一步以「歷」的包容性來解一物論。至公孫龍則由指物、堅白論來說明認知的條件、過程與結果；由白馬、通變論指出概念的內涵、外延與名、實離合的變化，進而由名實論歸結出「實隨物變、名隨實轉、一名一實、名符其實」的原則；其目的也是在於將名實不符的「出其所位，非位」導正爲「位其所位」的名實相符。

現就名家主要內涵，施、龍的名實思想對比：惠施對於「名」的互動性採取一種包容的態度，承認並允許相對性的「名實相符」，如其歷物第九事「我知天下之中央，燕之北、越之南是也」。其「中央」之名所對應的實，可以是「北」，也可以是「南」；因而對於「名」的增長性、含糊性以相對的同、異比較加以調整、統合(註廿一)。其思路的傾向是「合同」，以「同」建立起一致性的觀點與論域，在其既定範圍之內就能處理「謂」的變化與「名」「實」的關係，而使「名實相符」成爲可能。就「歷」的作用而言，所定的範圍可不斷擴大而形成新的一致性與廣包性，使相對的「名實相符」皆爲可能。

公孫龍則極力設法排除「名」的含糊性，欲以「一名一實」的對應要求來解決「名」在變化中互動、增長而含糊所導致的「非位」，其思考的路向是「離異」，以「唯乎」「止於」彼此之「謂」的方法，來維持「名實相符」的穩定性。倘若至名不符實時，則寧可「不謂」。因此，對導致「非位」的「謂」之變化，在公孫龍看來，在「實不變則名不變而謂變、實變」的情況下（註廿二），其中的「實不變」是指經得、定而是，有了確定內涵之「實」，故對應其實的「名」不變。所說的「謂變」，是指因新的主、客觀因素的加入，而使原先之「名」所對應者有所改變；此時原先之「名」就不足以對應改變後之「實」，而成「名」「實」相離的狀態。因此，「謂變則實變」乃是指所變成的「實」是「新實」，必須再立「新名」，再有「新謂」（若尚無「名」可對應則「不謂」），而舊名仍然是唯一地謂舊實，且止於舊實，新名也只能唯一地謂新實，且止於新實。這種過程是動態的，可在認識與表達中不斷發展下去；但不論如何變，皆以不變的名實相符之「位」爲準，依「位」而變。亦即在「一名一實」的前提下，可建立：「名依實而立，但隨謂而用，謂中見新實，新實定新名」的原則。

惠施的「合同」與公孫龍「離異」的思路，兩者並非壁壘分明而毫無交會點，因爲仔細分析公孫龍的「一名一實」原則，可以發現其「一」未必是個別整體的「一」，而是「有所同的一」。以公孫龍之所以成名的「白馬非馬」論題爲例，依公孫龍之意，由於「馬之實」與「白馬之實」的內涵不同，一命形，一命形、色，故「白馬之名」僅能唯一地謂「白馬之實」；「馬之名」也僅能唯一地謂「馬之實」，但就「白馬」之「一」而言，白馬之實的內涵至少包含著命色與命形的不同限定，因此並非不能再分的「一」，而是有所同的「一」；亦即只要是同色、同形之物，皆可就其所同而成爲「一」實，而可取「一」名謂之。

既是有所同的「一」，即可與惠施的思想接上，白馬與馬在惠施的思想看來，不過是在「小同異」的觀點中「小同」與「大同」的差別，白馬是「小同」，馬是「大同」，只要能找出「白馬」與「馬」之實，有所「同」的觀點，相對於該觀點，即可謂「白馬是馬」；而且即使稱「白馬是馬」，也並不排斥「白馬非馬」。因爲所謂的「是」與「非」可以在不同的觀點下有不同的意義（註廿三），此與鄧析的「兩可說」也有關聯。

反之，由公孫龍的思想來看惠施，他「獨而正」的離異思想，恰有幫助惠施確立觀點的作用，使乍看之下惠施思想中飄浮游移的「名」「實」加以約束和固定。確立「名」的指涉性、約定性與界定性；而達成認知與表達的一定效果；由此可見，施、龍的思想在名、實關係的處理上有其相輔相成之效，兩人同列名家也是有道理的。

總而言之，名、實的關係是「位→非位→位→非位……」的辯證符合關係，名家的名實思想就在於設法使「非位」導正爲「位」。由歷史發展的脈絡來看，名家主要內涵的施、龍思想正是處理同一問題而由「變」以至於「不變」的不同思路發展，輔以鄧析、尹文及辯者們的思想考察，終可將先秦名家的名實思想作較完整、系統的呈現；而使吾人對先秦名家在認知、思維、表達問題上的主張，有更深一層的了解。

註釋

①參見羅光著士林哲學理論篇，頁309。及葛慕藺著形上學，頁99～104。
②汪奠基著中國邏輯思想史料分析，頁97。
③李震著中外形上學比較研究上册，頁312。
④見正中形音義綜合大字典，頁738。呂覽．制樂：「故禍兮福之所倚，福兮禍之所伏；聖人所獨見，衆人焉知其極？」及詩．唐風：「悠悠蒼天，曷其有極！」其中之「極」即是。
⑤參見第五章第一節。
⑥孫中原著中國邏輯史（先秦），頁102。
⑦成玄英疏云：「楚人呼蝦蟆爲丁子也。」又見註⑥，頁97～98。
⑧「卵有毛」謂胎卵之生，必有毛羽，謂毛羽之性已具於卵中也。參見嚴靈峯著經子叢著第十册，頁225。
⑨參見第五章第二節、第四章第二節第四問答及第三章第一節。
⑩李震著哲學的宇宙觀，頁111。
⑪據王啓湘著周泰名家三子校詮，頁67。
⑫此處所謂的「使用、比較」未必是實際說出來的應用，認知主體內在的思考、對話也包含在內。

⑬同註⑥，頁136。及伍非百著先秦名學七書，頁478。

⑭參見蕭登福著公孫龍子與名家，頁67。

⑮見第四章第一節第六問答㈣。

⑯同前，第三問答。及第五章第四節。

⑰王先謙莊子集解引宣穎云：「犬羊之名皆人所命，若先名犬爲羊，則爲羊矣。」同註⑥，頁97。

⑱「名」的約定性包含：生活需要、風俗習慣、語言結構、表達方式……等多項複雜因素。從共同認知深化、分辨後的約定來看，例如「山」之名，原謂一地形之「實」，初不論小山、大山皆名爲「山」，但隨認知、表達的發展而有分辨大、小的需要，而以新約定之「丘」「岳」之名命小山、大山。再就「丘」「岳」而言，又可進一步增長、獨立出「峋」「峭」「峻」等不同山勢之名，以謂：山勢起伏、山直而險、山聳而高等。

⑲見第五章第四節「謂」。

⑳見第五章第三節「形」「實」。

㉑「中央」既爲北、又爲南，此爲「異」。但就確立一定範圍下的「中央」，則可以是另一觀點的北、或另一觀點的南。故就其所屬範圍而言，皆爲與邊際等距的「中央」，此爲「同」。

㉒如公孫龍．通變論中以「青」之實不變，其名爲「青」；其謂變，以「青」之名謂「木」；其實變，使「青」之名謂「木」之實，而有方位在東之意。「白」之實不變、名不變，謂變；實變的過程亦然。見註⑭，頁95～96。

㉓ 見第三章第一節第三問答。

第七章　結　論

第一節　名家名實思想的反省與批判

在名家名實思想重新組構、系統呈現後，本章進入總結與檢討的階段。此階段中反省與批判的工作就理論間的動態對比而言（註一），是以較成熟、週延的理論或觀點，來呈現探討對象的限制與可能的發展；因此本節首先以形上學的第一原理作爲檢視名家名實思想的根據，其次，再由認知的角度考察其在認識論上的意義。因爲第一原理不僅是存有架構的規律，也是認知的原理（註二），而認識論的反省角度，則是針對研究對象的理論型態所取擇的反省觀點，以之批判名家對名、實問題的處理。

第一原理所包含的同一律、不矛盾律和排中律乃是以「存有」的同一性爲基礎，同一性可分爲實在的和理則的（註三），名家名實思想對理則上的同一性有充分的把握，但是在實在的同一性上則因偏重於「名」的探討，略爲含混，而有史記・太史公自序，論六家要旨中所云：「專決於名，時失人情」之疑。就理則的同一性而言，鄧析・無厚篇：「故談者別殊類使不相害」的依「類」辯故，及尹文・大道上：「我之與彼，又復一名，名之察者也」的「一名」，皆肯定了理則的同一性。惠施的小同、大同，乃至於畢同觀點的成立，及「歷」的作用之所以能夠將複雜、變化的對象物以「一」的方式納入「歷」中而成「一概念」，再與「另一概念」相比較，其所根據的也是「存有」理則上的同一性。再者，公孫龍・通變論「二無一」中獨立之「二」，及名實論「一名一實」原則裡「一」的確立，也是理則上同一性的把握；因此，名家名實思想在「存有」理則同一性上有充分的把握與運用。

在實在的同一性方面則較模糊，惠施所引用的概念「大小、內外、天地、中睨、生死、同異、南北、今昔」等，皆爲相對關係之「名」，而非如尹文「命物之名」對一物的直接表達，乃以某類特定之「名」所反映的部份之「實」來說明整體之「物」，是不夠週延的，也因而缺乏對一一個別物之實在同一性的明確肯定。並且，「名」的界定性來自「物」「實」的限定，因此「名」的意義並非以主體認知上的單方面把握、解釋爲足，必須涉及「物」所具的客觀內容，那麼經比較所得事物同異性質的確實性，也並非僅由認知主體「歷」的邏輯一致性就足以保障，必須由更基本的「存有」性質來確立。在公孫龍方面，其「堅白論」中以「視、拊」與「神」的認知作用來推究對象物的性質，而有「堅、白石二」的奇特論點，造成「堅」「白」自身得以離「石」而獨立自藏的方式存在，使得客方要質疑「堅白石」爲一物的實在同一性，其原因是：㈠公孫龍以感官的認知作用錯誤類比於理智的認知作用。由於感官的作用必須有外在對象物存在，如指物論所云：「天下無物，誰徑謂指？」由此類比地設想「神」的認知對象也必須客觀存在，而「神」所得知的是無形、不定的普遍概念，既然對象必須客觀存在，那麼「堅」「白」也應該以某種「藏」的方式存在，爲「神」所直觀，爲感官所不覺。㈡未能建立抽象作用的理論（註四）。由於感官作用與心神作用所得之結果不同，一個別、一普遍，因而推導出感覺、心神兩者爲斷離，使個別事物與普遍概念的關係也無法連繫起來。㈢尚未清楚分辨「物」之自立體與依附體的基本存在模式（註五），兩種依附性的存有——堅、白，乃與具體之石合爲一體，不能單就感官或心神的認知差異而破壞「堅白石」的實在同一性。由此可見「物」的探討不能只從認識論著手，更需要從形上學的根本立場來研究，因爲不論認知的主體或對象，皆爲「存有」所含攝，形上學是認識論的基礎（註六），然而在現存的名家資料中，形上學的思想却較爲貧乏，因此名家名實思想的理論根基不夠穩固。

由「存有」的同一性可見「存有」的同一律，同一律肯定每一個「存有」皆有使之成爲此「存有」的限定本質（註七），亦即每一「物」皆是自己而非他物，那麼在名家名實思想中的「變化之實」是否違反同一律呢？並非如此，由於人認知、表達能力的有限，所把握的物之觀念並非充足、完全與適當，也無法一舉將現實表達無遺，因此在事實上當我們指出一個觀念時，我們只能抓到現實的一面，並不能把所指的都說盡，因此常可以再加上些什麼，給予現實更好的限定（註八）。名家的「變化之實」正說明了這種動態的認知情形，而每一「變化之實」皆可有相應之名，使名實相符，故未違反同一律；且正因爲有「物」與自己同一而有別於其他物的預設，使其「變化之實」朝向該物的本質—「不變之實」作進一步的認知、確立。

又「變化之實」是否牴觸不矛盾律呢？所謂不矛盾律自同一律演變而來。一物既然是它自己，就不可能同時是它自己又不是它自己（註九）。在名家名實思想的認識過程中，同一物之「實」的把握在不同時間與觀點下雖然會有不同，但在同一時間、觀點下的「實」則可以是固定不變的，因此並不牴觸不矛盾律。每一剎那，與每一觀點下的「實」，就其爲同一物之「實」而言，也必有其關聯性與一致性。「變化之實」既不違反同一、不矛盾律，那麼「不變之實」更不可能與之牴觸了。

再就表達而言，名家的「兩可說」是否違反排中律？排中律是由不矛盾律演變而來，「存有」既然不能同時又是「虛無」，一物或有或無，二者必居其一，沒有成爲第三者的可能性。從思想方面去看，我們在判斷時，或肯定，或否定，不能同時又肯定又否定，二者之間，必取其一，沒有中間路線（註十）。就表達而言，同一事件當然不能同時既可又不可；

名家的「兩可說」是由不同的觀察角度，對同一事件的不同發展所做的相同判斷與肯定，不能因其判斷相同而認爲它角度相同，又因其觀點不同，故亦非真正同時。再者，就兩可所「可」的內容而言，如：既肯定「白馬是馬」，又肯定「白馬非馬」——即否定「白馬是馬」，如此似乎牴觸了排中律，但實際上仍是在不同觀點、亦非同時所作的判斷，「白馬是馬」的「是」從不同觀點，有不同意義（註十一），因此其肯定與否定者並非同一意義之命題。是故，名家的「兩可說」也並未違反排中律。

由以上的反省，可知名家名實思想雖缺乏形上學的理論根據，但在其思想內涵上，仍不違反第一原理，有其理論上可以成立的要件。以下再由認知的觀點來加以考察。

基本上，名家是從主、客的關係上來探討知識的問題。公孫龍的指物論所努力說明的是「指」與「物」在認知上的關係，名實論則企圖釐清「名」與「實」在表達上的關係。惠施的歷物十事也處理了「歷」與「物」的關係。此外，「名」與「實」、「名」與「形」的關係，也可以從鄧析、尹文的思想中窺見。然而，對於這種主客關係的說明，名家所採取的思考方式，傾向由主體的認知能力出發來解釋對象物的性質、及其可能的存在方式，如公孫龍的堅白論即是，而較忽略從客體的本然性質或存在結構出發來探討認識問題（註十二）。當然，更缺乏由統攝主、客之「存有」的形上學立場來思考。因而導致名家的名實思想中的「實」在理論建構上，受到主觀因素的影響要大於客觀因素的限定；如就公孫龍的指物論觀之，其指向性的認識只能指向物，而不能指到物，所謂「有指不至，有物不盡」或「指不至，至不絕」之義（註十三），認知主體雖能夠有所指，但所指者只是「變化之實」或物的相對本質，而非「不變之實」或物的絕對本質。因此，認識雖然是可能的，但卻無法有完全的認識。再就惠施的「歷物之意」觀之，由於其物與物的關係、「歷」與「物」的關係及「歷物」的性質（註十四），幾乎皆籠罩在「歷」之下而被說明，因此發展出來的認識論含有相對論的色彩，亦即由「歷」所獲得的知識不是絕對的真理，只是過程，認識似乎永遠在進行中，雖然目標指向絕對真理（名與絕對之實相符），但總是在途中而達不到目的（註十五），這是特別值得反省與批判的。

名家思想中的名、實關係有「非位」與「位」的區別，並肯定「名實相符」的「位」是可能的；此依士林哲學認識論的觀點，這種符合關係即是「真理」（註十六）。但名家這種符合關係並非絕對的，而是相對的；亦即名家認為人在認識上所能達到的只是相對真理，而不能企及絕對真理。當然，人的理智有其限度，不可能認識宇宙間所有的事物，但是根據真理的標準——絕對的確實性與客觀的明顯性，我們還是可以肯定人能認識真理，不但能達到相對的真理，並且可依形上學的性理與數學的數理達到絕對的真理（註十七）。所謂絕對的確實，是建立在形上學的原理上，其內涵關連著事物的內在本質，亦名形而上的確實，是恆久不變的，如數學上的二加二等於四，或三角形之內角總和為一百八十度；此種確實性無任何「相反或錯誤」的可能，亦無任何例外事件發生（註十八）。所謂客觀的明顯是指：被認識的客觀事物或事理，其本身顯明清楚的表現出來，其確實性不需要任何其他的標準或理論證明。此客觀明顯使人有無畏懼錯誤的心理肯定認識之，且不因時地環境的不同而改變，使人人皆能認識之，更不因主觀認識者的影響而改變其真實性（註十九）。

人的知識雖然在不斷增長、豐富的過程中，但並不因此就可否定他先前認識的真實性；人在認識事物時，的確會因時、地、觀點的不同而有不同的認識結果，但在合乎絕對確實與客觀明顯性的情況下，該人在該時、該地、該觀點的認識仍可確定是真實無誤的。

經由上述的反省與批判，我們可以看出名家名實思想的限制與不足，其最主要的原因就是缺乏存有學的基礎理論，因而減損了認識、真理的價值。因此，未來若要發展名家名實思想的理論內涵，則必須朝形上的思路探討；在先秦哲學的其他資料中挖掘可能的線索。

第二節　名家名實思想的價值

先秦名家是中國哲學中的短暫光芒，一閃即逝，它飽受批評，被人遺忘。如今重新探討其名實思想，又可見其理論上的限度與不週延之處。然而一種思想必須置於它所處的時代，才能給予客觀的評價；也唯有把握名家名實思想在當時的價值，才能在今日中國哲學的發展上呈現其意義。

在先秦百家爭鳴的時代裡，名家秉承正名思想的淵源、接受無名思想的轉化、與立名思想相互嚮應，而能有獨樹一格的思考型態，於當時既有的學說中發掘新的問題，開展出不同的探討方式，建構思辨性的名實思想，如此應變創新的求知態度，拓展了該時代的思想領域，不可不謂當時思想上的突破與進步，這是名家名實思想首先值得肯定的價值。

從名家治學的態度與其思想的內涵觀之，鄧析的無厚篇一開始就由異於傳統的相反角度來談：天於人、君於民、父於子、兄於弟的「無厚」，舉出一些理由加以證明，其意義在於呈現「不要忽略事象觀察的多元角度」，這種心態基本上就富於懷疑與批判的精神。惠施則更進一步界定事象不同觀察角度的場域整體，從更廣的視野統合起看似矛盾的不同判斷；他繼承了鄧析「兩可說」的表達形式，透過相對性的同異比較而有其歷物十事的論題。事象的不同觀點與論述，需要意義精確的「名」來完成，因此尹文承續鄧析「循名責實」的精神，由「名不可差」的肯定，設法說明形與名的關係；積極方面指出如何正形、名，消極方面則指出名實不符的謬誤如何產生。公孫龍的「白馬非馬」「堅白石二」及「二無一」等命題的形成，同樣也是在異於常俗觀點下的考察，再由指物論、名實論建構認知與表達的理論，以實指物、以名謂實來貫通物、實、名的關係，而要求一名一實的精確相符。由此可見名家學者總是要在普遍通俗的一般認同中找出例外的特異觀點，再以名實的相關理論來支持其觀點的成立。

如此，他們到底說明了什麼呢？吾人以爲名家思想真正想要告訴我們的是：「人是有限的，不要太過自以爲是，世上有太多不公平、不合理的事，就在於人的自以爲是，不僅自以爲是，還妄圖將自以爲是的東西推廣，普遍化地强加在別人身上。」因此，名家要舉出特例，要找出相反、相異的觀點來與之抗衡，這種抗衡從名家辯者好辯、善辯的性格可見；爲了增加他們的說服力，因而發展出名家的名實思想。這是對戰國時代種種思想、制度、亂象深沈反省後的一種反應，包含著要求改革的期望（註廿）。他們在心態上不僅要澄清老一代的權威思想，甚且要促起人們對於生活常識的再認識，他們在破壞的活動之外，還要建立一些新的知識（註廿一）。

那麼名家思想本身是否也脫離不了「自以爲是」的一類呢？從他們思想的內涵來看，爲了不陷於他們自己所批評的對象，因此公孫龍的指物論最終對於人的認知仍持懷疑和保留的態度，其堅白論最後也肯定有物不可知。尹文的「雖未能盡物之實，猶不患其差也」乃以不盡知而求知的方式面對；而惠施的歷物之意則有相對論的色彩，爲相對「知」而包容；這也是名家名實思想的限度所在。

在探討的方式上，名家的名實思想具有相當的理性自覺，有意識地反省、分析人自己認知與表達的問題；由認知的結果反思認知的作用，從認知的作用回溯認知的官能，進而分別感官與神智功能的不同，在表達方面則由認知結果與對象物的差別來分辨「名」的類別與「名」的性質，進而釐清名、實間的關係，建立表達的原則。名家將理性思維的實用性，導向純理、思辨的理論性探討（註廿二），因而有別於當時其他思想在政治、倫理、生活層面的現實關懷。他們以論辯、對談的方式來表達他們的思想，其中，從鄧析言辯的方法與目的，可見其言辯在「宜」而不在勝，在探求真理而非淆亂視聽（註廿三）。惠施的廣闊視野與包容性的胸懷，則更透顯出對不同觀點、學說的開放性，因而尊重別人的思想，建立溝通、融合的可能性，構成彼此對談的共同基礎。公孫龍則有別於惠施「合同異」的思路，而發展其「離堅白」的論點，他為排除尹文及其他學者所見名實不符的謬誤，盡心致力於認知與表達上的精確性，因而樹立「一名一實，名符其實」的原則，其思想雖有苛察繳繞、矯枉過正之弊，但他要求精確無誤的努力，不也是在哲學探討中值得稱許的一種方式！

此外，從本文三、四章整理出各種問題的關聯性來看，名家的名實思想不僅欲說明認知的對象為何，並且企圖對於此對象在概念上有整體的把握，不僅要對物之整體有所把握，還希望能在可處理的對象中，藉名、實的關係來確立萬物的秩序性；再者，不但要確立萬物的秩序性，還要求這種秩序關係是準確無誤的。雖然，他們的成績有限，但如此層層深入的思考進展，已為名家思想闢建出一定的理論規模。其中特別是惠施歷物之意裡「至」「無」「畢」等概念的運用，更透顯出對「無限」與「絕對」的追求與渴望，這也說明了人性中的終極需要；李震教授說：「有限的人性深處確有一種迫切的需要，即超越時空的限制，追尋無限。」（註廿四）這也可以在名家名實問題的探索中見到。更值得一提的是，從惠施氾愛萬物以至於天地一體的結論，可引申出：如何從主、客二元對立之「知」透過「愛」來發現或建立天地物我圓融一體之「知」，此則爲名家思想可再出發的另一路向。

總之，認知、思維與表達是哲學探討中的三個重要環節，早在兩千多年前名家的名實思想就以這些問題作爲他們思考的核心，他們敏銳地觀察千變萬化的事象，縝密地分析、推理，在他們傳統的思潮中勇於嘗試，並開拓新的思想領域，以開闊的胸懷面對其他不同思想的衝擊。整體而言，名家名實思想呈現了人的有限，以及對無限、絕對之知的渴望，其價值在於：應變創新、理性自覺、講求精確，及包容、開放的態度；此在當代中國哲學乃至世界哲學由多元而趨向統合的發展上，都是具有相當價值的！

第三節 名家名實思想的方法論提示

中國哲學發展至今，早已形成自己的風格與特色；事實上，中國哲學的主要內涵與精神並未走上名家這條純理、思辨之路，而是以儒家的心性、道德之學爲主。名家思想的當代意義並非改變中國哲學的原有內涵，也不可能再爭取主流的地位，而是補充中國哲學之不足，相應而生的一種方法論提示。

中國哲學的不足爲何?徐復觀說:「中國的思想家,很少是意識的以有組織的文章結構來表達他們思想的結構,而常是把他們的中心論點,分散在許多文字單元中;同時,在同一篇文字中,又常關涉到許多觀念,許多問題。」(註廿五)亦即中國哲學在思想建構上是缺乏自覺的,在表達上往往是含混不清、難以把握的;雖然其思想甚精深,其境界甚高超,但若缺乏清楚而正確的表達,中國哲學在未來的發展上,總免不了滯礙難行;特別是與西方哲學接觸後,相形之下,中國哲學之缺乏明確的概念定義與嚴謹的邏輯結構,更是明顯。

於此,名家的名實思想要求正確的認知、表達,且有相當的理性自覺等特質,正可以提供一種有所助益的「方法」。這裡所謂的「方法」,是指一種學術在形式方面的本質;西方語言中的方法(Method)一詞,其字源意義爲「追蹤著路」,即依著路追尋知識,也就是說知識整體建基於方法,並因方法而獲得(註廿六)。勞思光說:「方法的原始意義,只指建立知識的程序及所涉及的規則,是指獲得知識的操作歷程。」(註廿七)名家所提示的「方法」亦即指其原始意義,偏重在建立知識的程序、規則與表達的形式方面,而非其他「方法」的引申意義,如:進德的方法、修養的方法、教育的方法……等(註廿八)。

在程序與規則方面,鄧析的循名責實、因之循理、依類辯故、參轉不亂;惠施的確定觀點、相對比較、異中求同、氾愛以知;尹文的名以檢形、形以定名、名以定事,事以檢名;

公孫龍的實隨物變、名隨實轉、一名一實、名符其實；及名依實而立，但隨謂而用；謂中見新實、新實立新名等；都是可資參考應用的原則，藉以確定概念的意義，理解思想的內涵。此外，名的指涉性、約定性、界定性，及其互動性、增長性、含糊性等性質，也可幫助我們在整理中國哲學思想時，澄清一些可能的誤解。

在表達形式方面，名家的思想常是以辯論或對談的方式呈現，不論回答對方的問題，或自問自答，其中一問一答的形式或隱或顯，總含蘊著答中帶問、問中帶答的方式作爲思考、表達進行的路徑，因此「問答」是名家在表達形式方面的提示。

以下吾人依名家名實思想的提示，嚐試勾勒一種整理已有思想或進一步發展思考的可能方法，這種方法應具備：概念意義的確定性、思想遞衍的邏輯性、理論架構的開放性，與系統學說的完整性。此方法之特徵如下：

一、從概念意義的確定性來看，除了字源意義、一般使用的約定性意義之外，就「名」的互動性而言，應說明其所「謂」之「實」的觀點與論域爲何；就「名」的增長性而言，應說明其異於俗約的特殊或新增的意義爲何；如此以避免「名」的含糊性，進而獲得「名」的界定性。

二、就思想遞衍的邏輯性來看，進行思考或表達思想時，由概念羣形成的每一單位思想與其他概念羣形成的另一單位思想，兩者間必須具有明顯的因果關係；這種因果關係因各人思路進展的方向不同，不必然要求爲整體性的，但至少前一單位思想中的某一部份，與後一單位思想中的某一部份，兩者須有因果關係。

三、就理論架構的開放性而言，在思考與表達的形式上不能是封閉、僵化的；這種形式必須是隨時可以在單位思想與單位思想間，加添新的概念羣、構成新的單位思想；或將原來的單位思想再細分爲數個單位思想，而可繼續發展下去。這種開放性不僅向更廣的知識領域開放，並且也向建立理論系統的思考者開放。

四、就系統學說的完整性而言，是相對的；對外，可從單位思想羣所構成的系統學說與另一系統學說互相對比而見，何者包容性較大，則較完整（這種對比是由各系統中取擇出相同或相類的單位思想相比，或在各自單位思想中相同或相似的概念相比；倘若兩系統學說毫無交集的單位思想，那麼除非出現第三個能將原先兩系統學說包容在內的更大系統，構成彼此的關係，不然就無法對比，完整性也呈現不出來。）對內，可以由建構者前、後系統的差異來比較，通常後起的系統其在單位思想間所添加析出的細部單位思想較多，多者則較完整。

由上述，概念構成單位思想，而單位思想又可構成系統學說；因此，這種「方法」的關鍵在於「單位思想」的確立，吾人認爲以「一問答」爲「一單位思想」是可行的，誠如勞思光所說：「一切個人或學派的思想理論，根本上必是對某一問題的答覆或解答。我們如果找到了這個問題，即可以掌握這一部份理論的總脈絡。」（註廿九）本論文也應用其基源問題法，以問題串聯的方式整理出名家名實思想的廿六個問題，三個主要問題，乃至「名實關係為何？」的基本問題，和九個主要概念，作為鋪陳其思想架構的據點。

因此，吾人認為問答形式是將各人思想紛雜不同的表達方式轉換為可納入序列、建立秩序的一種極佳方式，且系統的建立就在於每一單位思想間，答由問而來、後一問由前一答而來地環環相扣。因為人在作理性思考時，或隱或顯，都離不開問答的形式；在現實生活中也有許多時候必須應用問答的方式來表達自己的思想、了解別人的想法，諸如：記者採訪、律師辯護、立委質詢、心理輔導、老師的教學、考試……，不論是回答別人的問題，或是自問自答，都包含著整理思想、系統呈現的作用。因此，就理性的思想而言，「問答」是可推廣成為普遍約定的一種方式；故所謂的「單位思想」即「一問答」。

又如何以問答的方式將單位思想納入序列、建立系統，而可以符合前述的四種特徵？吾人嚐試借用數列的原本秩序性為基本結構，表呈如下：（見次頁）

$$M:\begin{cases} S:\begin{cases} Q_{a1}\rightarrow Q_{an}：Q_{a1}\longleftrightarrow Q_{a2}\longleftrightarrow Q_{a3}\cdots\cdots Q_{an} \\ Q_{a1}\rightarrow Q_{a2}：Q_{a1.1}\longleftrightarrow Q_{a1.2}\longleftrightarrow Q_{a1.3}\cdots\cdots Q_{a2} \\ Q_{a1.1}\rightarrow Q_{a1.2}：Q_{a1.11}\longleftrightarrow Q_{a1.12}\longleftrightarrow Q_{a1.13}\cdots\cdots Q_{a1.2} \\ \quad\vdots \end{cases} \\ -S:\begin{cases} -Q_{a1}，-Q_{a2}，-Q_{a3}\cdots\cdots -Q_{an} \\ -Q_{a1.1}，-Q_{a1.2}，-Q_{a1.3}\cdots\cdots -Q_{a1.9} \\ -Q_{a1.11}，-Q_{a1.12}，-Q_{a1.13}\cdots\cdots Q_{a1.19} \\ \quad\vdots \qquad\qquad\qquad\qquad\qquad\qquad \vdots \end{cases} \end{cases}$$

說明：⑴此方法 M，包含呈現的部份 S，與預備呈現的部份-S。

⑵S 是進行思考或表達的系統形式。

⑶Q_a 爲單位思想，爲 S 中之元素。

⑷-S 是每一單位思想之觀點、論域及概念意義界定性之説明（特徵一）。這種説明應視表達對象的需要而呈現或不須呈現。

⑸-Q_a 爲-S 中之元素，與 S 中的 Q_a 一一對應。

⑹→代表思路的發展方向。

⑺⟷代表單位思想與單位思想間的因果關係（特徵二）。

⑻正、負整數、小數雖以十進位法爲模型，但不必然受十進位法限制，如八進位、十六進位等皆可，視系統本身需要而調整。

⑼……代表此理論架構的開放性（特徵三）。

⑽系統理論的完成不必然會如上圖的理想形式，通常會有跳躍，須爾後的研究者作補全、修正的工作。但就建構思想者階段性的完成而言，有其相對之完整性，須與其他系統對比，方能顯示其完整之程度（特徵四）。

這種「方法」僅是極初步的構想，對於如：將思想轉化爲問題的過程、問題本身的結構、回答內容的分析、問答間的各種關係、影響思路發展的相關因素、單位思想階層性的區分、兩系統的對比融合……等許多問題，都有待進一步的研究、試驗與多方的批評。

一個階段的完成是另一階段的開始，若這種「方法」是可行的，以這種開放性系統與可清楚傳達的「方法」來整理中國哲學的歷代思想，對中國哲學能有整體性的把握，進而能有所創新、發展，將是個人繼續努力的目標。

吾人衷心期望名家名實思想所提示的方法論嚐試，對於中國哲學的未來發展有些許助益，在既有的傳統哲學基礎上開出芬芳的花朶，結成豐碩的果實。

註釋

① 見沈清松著現代哲學論衡，頁8～9。

② 李震著中外形上學比較研究下冊，頁16。及李震著基本哲學——有與無的探討，頁98。

③ 同註②之一，頁49。

④ 此指公孫龍未能正確說明普遍概念的形成情形，有關抽象的心理過程，請參見袁廷棟著「抽象說之重估」，哲學文化第九期，二卷，民71年2月，頁74～83。

⑤ 有關自立體與依附體之意義說明，請參見李震著中外形上學比較研究，下冊，頁105～111。羅光著士林哲學理論篇，頁742～745。及張振東著士林哲學的基本概念(二)，頁258～270。

⑥ 同註②之一，頁54、72。

⑦ 同前，頁84。

⑧ 同前，頁85。

⑨ 同前，頁85。

⑩ 同前，頁89。

⑪ 見第三章第一節第三問答。

⑫公孫龍的名實論雖然對「物」加以定義爲「天地與其所產焉」，及指物論視「物」爲「有」、「指」爲「無」，但對於「物」的基本性質及結構皆無理論上的明確說明。

⑬同註⑪。

⑭見第三章第二節第三、四、六問答。

⑮相對論的意義請參見鄔昆如著哲學概論，頁94～96。及柴熙著認識論，頁151～152。

⑯見羅光著士林哲學—理論篇，頁662～664。及張振東著士林哲學的基本概念㈠，頁37。

⑰羅光著士林哲學—理論篇，頁677。

⑱張振東著士林哲學的基本概念㈠，頁48～50。就確實的等級言，分形而上的、物理的、倫理的三種，唯形而上的確實是絕對的。

⑲同前，頁53～56。

⑳參見孫中原著中國邏輯史（先秦），頁15。

㉑見王夢鷗著戰國時代的名家，中央研究院歷史語言研究所集刊44本3分，頁532。

㉒參見尉遲淦撰公孫龍哲學的理解與批判，頁150～151。

㉓見本文第四章第二節第五、六問答。

㉔李震著靈心雨絲，頁62。

㉕徐復觀著中國思想史論集續編，頁3。

㉖參見項退結編譯西洋哲學辭典，214條。

㉗參見馮耀明著中國哲學的方法論問題，頁1～2。

㉘同前。

㉙勞思光著中國哲學史，序言，頁16。

參考書目

一、名家四子原著與專書

- 鄧析子　中國子學名著集成──宋元明清善本叢刊　名家子部　珍本082　台北　中國
  尹文子　子學名著集成編印基金會　民六十七年十二月　初版
  惠子
  公孫龍子
- 鄧析子·鬼谷子（據指海本校刊）　台北　中華書局　民七十三年三月　台五版
- 公孫龍子·尸子（據守山閣本校刊）　台北市　中華書局　民六十八年二月　台四版
- 意林　唐·馬總撰　清·周廣業手校并跋　中國子學名著集成　雜家子部　珍本091　台北　中國子學名著集成編印基金會　民六十七年十二月　初版
- 名家六書·墨經校銓（周秦名家三子校詮）　王啓湘撰　台北　世界書局　民七十四年四月　三版

．先秦名學七書　伍非百著　台北市　洪氏出版社　民七十三年二月　初版
．名家五種校讀記　錢基博著　台北市　廣文書局　民五十九年十月　初版
．中國名學　虞愚編著　台北市　正中書局　民五十七年十一月　二版
．中國邏輯思想史料分析　汪奠基著　新竹市　仰哲出版社
．名家與荀子　牟宗三著　台北市　學生書局　民六十八年三月　初版
．莊惠考異　李慕如著　屏東市　東益出版社　民七十年十一月　初版
．公孫龍子與名家　蕭登福著　台北市　文津出版社　民七十三年十月　初版
．公孫龍子講疏　徐復觀著　台中　東海大學　民五十五年十二月　初版
．公孫龍子研究　龐樸著　台北市　木鐸出版社　民七十一年六月　初版
．公孫龍子今註今譯　陳癸淼註譯　台北市　商務印書館　民七十五年一月　初版
．公孫龍與公孫龍子　何啓民著　台北市　學生書局　民七十年七月　三版
．白馬非馬　林正弘著　台北市　三民書局　民六十九年十二月　二版
．先秦諸子的若干研究　杜國庠著
．公孫龍子釋　金受申撰　台北市　河洛出版社　民六十四年　初版
．公孫龍子集解　陳柱撰　台北市　河洛出版社　民六十六年　初版
．中國邏輯史（先秦）　孫中原著　北京　中國人民大學出版社　一九八七年十月　初版

·中國邏輯思想史稿　周文英著　北京　人民出版社　一九七九年十二月　初版
·先秦邏輯史　周云之、劉培育著　北京　中國社會科學出版社　一九八四年十二月　初版
·先秦邏輯史　溫公頤著　上海　人民出版社　一九八三年五月　初版
·中國古代哲學的邏輯發展（上）　馮契著　上海　人民出版社　一九八七年八月　二版
·中國邏輯思想史　汪奠基著　上海　人民出版社　一九七九年九月　初版
·公孫龍子蠡測　楊俊光著　山東　齊魯書社　一九八六年十二月　初版
·公孫龍子新注　屈志清著　湖北　人民出版社　一九八五年七月　二版
·公孫龍子形名發微　譚戒甫撰　北京　新華書店　一九八七年八月　二版
·中國哲學講話　李石岑著
·十批判書　郭沫若著　上海　人民出版社　一九五四年版

二、其他子部相關著作與史料

·墨辯新注　李漁叔著　台北市　商務印書館　民五十七年一月　初版
·墨家哲學　蔡仁厚著　台北市　東大圖書公司　民七十二年九月　二版
·墨家的哲學方法　鐘友聯著　台北市　東大圖書公司　民七十年二月　二版
·墨學源流　方授楚著　台北市　中華書局　民五十五年三月　台二版

·墨子閒詁　孫詒讓著　台北市　華正書局　民七十六年三月　初版
·墨家的形式邏輯　詹劍峯著　湖北　人民出版社　一九七九年六月　三版
·墨經中的數學與物理學　方孝博著　北京　中國社會科學出版社　一九八三年七月　初版
·墨辯邏輯學　陳孟麟著　濟南　山東人民出版社　一九七九年六月　初版
·墨經分類譯注　譚戒甫編著　北京　中華書局　一九八一年九月　初版
·道家四子新編　嚴靈峯編著　台北市　商務印書館　民五十七年十月　初版
·經子叢著第九、十冊　嚴靈峯編著　台北市　中華書局　民七十五年版
·老莊研究　嚴靈峯著　台北市　中華書局　民五十五年六月　初版
·老子今註今譯及評介　陳鼓應註譯　台北市　商務印書館　民六十九年六月　七版
·莊子集釋　郭慶藩輯　台北市　河洛出版社　民六十三年三月　初版
·莊子與古希臘哲學中的道　鄔昆如著　台北市　中華書局　民六十一年五月　初版
·新譯莊子讀本　黃錦鋐註譯　三民書局　民六十七年七月　三版
·論語全解　宋·陳祥道撰　中國子學名著集成　儒家子部　珍本004　台北　中國子學名著集成編印基金會　民六十七年十二月　初版
·廣解四書　宋·朱熹集註　蔣伯潛廣解　台北市　啓明書局　民五十七年八月　二版
·荀子東釋　梁啓雄著　台北市　商務印書館　民六十二年三月　台三版

·呂氏春秋　秦·呂不韋著　宋·陸游評　明·凌雅隆批　中國子學名著集成　雜家子部
珍本084　台北　中國子學名著集成編印基金會　民六十七年十二月　初版
·漢書　漢·班固撰　唐·顏師古注　台北市　宏業書局　民六十一年十一月　二版
·史記集評　吳汝綸評點　台北市　中華書局　民五十九年五月　初版
·戰國策（上、下）　西漢·劉向集錄　台北市　九思出版社　民六十七年十一月　初版
·禮記今註今譯（上、下）　王夢鷗註譯　台北市　商務印書館　民六十三年　四版
·十三經引得　台北　宗青圖書出版公司　民七十八年一月　初版
·諸子引得　台北　宗青圖書出版公司　民七十五年十一月　初版

三、一般參考書

·老孔墨以後學派概觀　梁啓超著　台北市　中華書局　民五十二年二月　二版
·中國哲學史　馮友蘭著
·中國古代哲學史　胡適　台北市　商務印書館　民七十五年三月　六版
·中國哲學史　勞思光著　香港　崇基書院　一九八〇年十一月　三版
·中國哲學史概論　渡邊秀方著　劉侃元譯　台北市　商務印書館　民六十八年七月　五版
·中國思想史論集續編　徐復觀著　台北市　時報文化出版公司　民七十四年十一月　二版

·中國學術思想史論叢(二) 錢穆著 台北市 東大圖書公司 民六十六年二月 初版

·先秦諸子繫年 錢穆著 台北市 東大圖書公司 民七十五年一月 初版

·中國哲學思想史(先秦篇) 羅光著 台北市 學生書局 民七十六年十一月 二版

·中國哲學的展望 羅光著 台北市 學生書局 民六十六年十二月 初版

·生命哲學 羅光著 台北市 學生書局 民七十七年十一月 二版

·士林哲學——理論篇 羅光著 台北市 學生書局 民七十七年十一月 三版

·基本哲學——有與無的探討 李震著 台北市 問學出版社 民六十七年十一月 初版

·中外形上學比較研究(上、下) 李震著 台北市 中央文物供應社 民七十一年六月 初版

·哲學的宇宙觀 李震著 台北市 學生書局 民六十七年十一月 初版

·形上學 葛慕蘭著 台北縣 先知出版社 民六十六年十月 二版

·認識論 柴熙著 台北市 商務印書館 民六十九年六月 四版

·知識論 趙雅博著 台北市 幼獅文化事業公司 民六十八年二月 初版

·士林哲學的基本概念(一)——認識論、心理學 張振東著 台北市 學生書局 民七十三年八月 初版

·士林哲學的基本概念(二)——宇宙論、形上學 張振東著 新莊 輔大出版社 民七十年八

・中西知識學比較研究　張振東著　台北市　中央文物供應社　民七十二年二月　初版

・西洋哲學導論　張振東著　台北市　學生書局　民六十七年七月　三版（學初版）

・西洋哲學史　鄔昆如著　台北市　國立編譯館　民六十年十二月　台初版

・現象學論文集　鄔昆如著　台北市　黎明文化事業公司　民七十年五月　初版

・哲學概論　鄔昆如著　台北市　五南圖書出版公司　民七十九年七月　四版

・論指謂　錢志純著譯　新莊　輔仁出版社　民六十七年三月　初版

・中西哲學論文集　劉述先著　台北市　學生書局　民七十六年七月　初版

・思想方法導論　何秀煌著　台北市　三民書局　民七十五年十月　四版

・語意學　戴華山著　台北市　華欣書局　民六十三年八月　初版

・中國先秦思維方法論　鄧公玄著　台北市　商務印書館　民六十一年七月　二版

・先秦典籍中演繹邏輯之運用　曹秀春著　台北市　黎明文化事業公司　民七十五年三月　初版

・現代哲學論衡　沈清松著　台北市　黎明文化事業公司　民七十五年十月　初版

・中國哲學的方法問題　馮耀明著　台北市　允晨文化公司　民七十八年九月　初版

・靈心雨絲　李震著　新莊　輔大出版社　民七十年三月　初版

．憂患與超昇　李震著　新莊　輔大出版社　民七十四年元月　初版

四、期刊與論文

．精神、物質、與語言　閔明我著　輔大哲學論集　第六期　民六十四年十二月
．認識作用之本質　袁廷棟著　輔大哲學論集　第十二期　民六十八年三月
．抽象說之重估　袁廷棟著　哲學與文化　第九卷第二期　民七十一年二月
．先秦儒家哲學的方法演變　鄔昆如著　台大哲學系中國哲學之方法研討會論文　民七十九年五月
．中國哲學中的方法詮釋學——非方法論的方法論　成中英著　同前
．道家的邏輯與認識方法　傅佩榮著　同前
．中國哲學之方法——深察名號　龔鵬程著　同前
．論先秦儒道兩家的哲學方法——以「論語」「老子」為中心　林正義著　同前
．周易的思想方法　高懷民著　同前
．惠施邏輯思想之形上基礎　丁原植著　輔大哲學論集　第十九期　民七十四年七月
．惠施之學術生涯　陳癸淼著　鵝湖月刊　第三卷第三期　民六十六年九月
．尹文子辨證　蒙傳銘著　師大國文研究所集刊　第四號　民四十九年

・尹文和尹文子　唐鉞著　清華學報　第四卷第一期　民十六年六月
・中國哲學家——尹文子　哲學與文化月刊編輯部　哲學與文化月刊　第七卷第二期　民六十九年二月
・關於公孫龍思想的討論　楊志源著　淡江學報　第十一期　民六十二年
・公孫龍子研究　郭宏才著　師大國文研究所集刊　第廿二號　民六十七年六月
・公孫龍指物篇疏證　勞思光著　香港崇基學報　第六卷第一期　一九六六年十一月
・公孫龍哲學的理解與批判　尉遲淦撰　輔大哲學研究所博士論文　民七十八年五月
・公孫龍子研究　李華漢撰　輔大哲學研究所碩士論文　民五十六年
・公孫龍子有關認識問題之研究　李賢中撰　輔大哲學研究所碩士論文　民七十四年五月
・荀子正名與先秦名學三宗　唐君毅著　新亞學報　第五卷第二期　一九六三年八月
・墨子小取篇「辯」辨義　唐君毅著　新亞學報　第四卷第二期　一九六〇年二月
・墨辯的名實觀　馮耀明著　鵝湖月刊　第十四卷第五期　民七十七年十一月
・名墨兩家邏輯思想之異同　張柳雲著　中華文化復興月刊　第二卷第十一期　民五十八年十一月
・老莊學說研究　嚴靈峯撰　東吳大學哲學系傳習錄第三期　民七十三年十月
・辨析名理的名家　張其昀著　文藝復興月刊　第一〇二期　民六十八年五月

·先秦名家之性格及其內容之概述　牟宗三著　中華文化月刊　十三期　民六十九年十一月

·戰國時代的名家　王夢鷗著　中央研究院歷史語言研究所集刊　四十四本三分　民六十一年十月

·名家之研究　郭爲著　高雄師院學報　第十期　民七十一年四月

·名家起於三晉說　鄭康民著　大陸雜誌　第十五卷第二期　民四十六年七月

·名家的歷史地位　周慶華著　中原文獻　第廿一卷第一期　民七十八年元月

五、字、辭典

·甲骨文集釋（全七冊）　李孝定編述　南港　中央研究院歷史語言研究所專刊之五十　民七十一年六月　四版

·金文詁林補（全八冊）　周法高編撰　南港　中央研究院歷史語言研究所專刊之七十七　民七十一年五月　初版

·正中形音義綜合大字典　高樹藩主編　台北市　正中書局　民七十三年一月　五版

·中國哲學辭典　韋政通著　台北市　水牛出版公司　民七十五年三月　初版

·西洋哲學辭典　項退結編譯　台北　國立編譯館、先知出版社　民六十五年十月　初版

附：名家四子原文

公孫子

趙公孫龍著

跡府

公孫龍，六國時辯士也。疾名實之散亂，因資材之所長，爲守白之論。假物取譬，以守白辯，謂白馬爲非馬也。白馬爲非馬者，言白所以名色，言馬所以名形也；色非形，形非色也。夫言色則形不當與，言形則色不宜從，今合以爲物，非也。如求白馬于廄中，無有，而有驪色之馬，然不可以應有白馬也。不可以應有白馬，則所求之馬亡矣；亡則白馬竟非馬。欲推是辯，以正名實，而化天下焉。

龍與孔穿會趙平原君家。穿曰：「素聞先生高誼，願爲弟子久，但不取先生以白馬爲非馬耳！請去此術，則穿請爲弟子。」龍曰：「先生之言悖，龍之所以爲名者，乃以白馬之論爾，今使龍去之，則無以教焉；且欲師之者，以智與學不如也，今使龍去之，此先教而後師之也；先教而後師之者，悖。且白馬非馬，乃仲尼之所取，龍聞楚王張繁弱之弓，載忘歸之矢，以射蛟兕于雲夢之圃，而喪其弓，左右請求之。王曰：『止。楚人遺弓，楚人得之，又何求乎？』仲尼聞之曰：『楚王仁義而未遂也。亦曰人亡弓，人得之而已，何必楚？』若此，仲尼異楚人于所謂人。夫是仲尼異楚人于所謂人，而非龍異白馬于所謂馬，悖。先生修儒術而非仲尼之所取，欲學而使龍去所教，則雖百龍，固不能當前矣。」孔穿無以應焉。

公孫龍，趙平原君之客也，孔穿孔子之葉也。穿與龍會，穿謂龍曰：「臣居魯，側聞下風，高先生之智，說先生之行，願受業之日久矣，乃今得見。然所不取先生者，獨不取先生之以白馬爲非馬耳。請去白馬非馬之學，穿請爲弟子。」公孫龍曰：「先生之言悖。龍之學，以白馬爲非馬者也。使龍去之，則龍無以教；無以教而乃學于龍也者，悖。且夫欲學于龍者，以智與學焉爲不逮也。今教龍去白馬非馬，是先教而後師之也；先教而後師之，不可。

先生之所以教龍者，似齊王之謂尹文也。齊王之謂尹文曰：『寡人甚好士，以齊國無士何也？』尹文曰：『願大王之所謂士者。』齊王無以應。尹文曰：『今有人于此，事君則忠，事親則孝，交友則信，處鄉則順，有此四行，可謂士乎？』齊王曰：『善！此眞吾所謂士也。』尹文曰『王得此人肯以爲臣乎？』王曰：『所願而不可得也。』是時齊王好勇，於是尹文曰『使此人廣衆大庭之中，見侵侮而終不敢鬥，王將以爲臣乎？

』王曰：『詎士也？見侮而不鬥，辱也！辱則寡人不以爲臣矣。』尹文曰：『唯見侮而不鬥，未失其四行也。是人未失其四行，其所以爲士也然。而一以爲臣，一不以爲臣，則向之所謂士者，乃非士乎？』齊王無以應。

尹文曰：『今有人君將理其國，人有非則非之，無非則亦非之；有功則賞之，無功則亦賞之。而怨人之不理也，可乎？』齊王曰：『不可。』尹文曰：『臣竊觀下吏之理齊，其方若此矣。』王曰：『寡人理國，信若先生之言，人雖不理，寡人不敢怨也。意未至然與？』尹文曰：『言之敢無說乎？王之令曰：「殺人者死，傷人者刑」，人有畏王之令者，見侮而終不敢鬥，是全王之令也。而王曰：「見侮而不鬥者，辱也。」謂之辱，非之也。無非而王辱之，故因除其籍，不以爲臣也。不以爲臣者，罰之也。此無罪而王罰之也。且王辱不敢鬥者，必榮敢鬥者也；榮敢鬥者，是而王是之，必以爲臣矣。必以爲臣者，賞之也。彼無功而王賞之，王之所賞，吏之所誅也；上之所是，而法之所非也。賞罰是非，相與四繆，雖十黃帝不能理也。』齊王無以應焉。故龍以子之言有似齊王。子知難白馬之非馬，不知所以難之說，以此猶知好士之名，而不知察士之類。」

白馬論

「『白馬非馬』可乎？」曰：「可」。曰：「何哉？」曰：「馬者，所以命形也；

白者，所以命色也。命色者非命形也。故曰：『白馬非馬。』」

曰：「有白馬不可謂無馬也。不可謂無馬者，非馬也？有白馬爲有馬，白之，非馬何也？」曰：「求馬，黃黑馬皆可致；求白馬，黃、黑馬不可致。使白馬乃馬也，是所求一也。所求一者，白者不異馬也。所求不異，如黃、黑馬有可有不可，何也？可與不可，其相非，明。故黃、黑馬一也，而可以應有馬，而不可以應有白馬，是白馬之非馬，審矣！」

曰：「以馬之有色爲非馬，天下非有無色之馬也。天下無馬，可乎」？曰：「馬固有色，故有白馬。使馬無色，有馬如已耳，安取白馬？故白者非馬也。白馬者，馬與白也。馬與白，馬也？故曰：白馬非馬也。」

曰：「馬未與白爲馬，白未與馬爲白。合馬與白，復名白馬。是相與以不相與爲名，未可。故曰：白馬非馬未可」。曰：「以有白馬爲有馬、謂有白馬爲有黃馬，可乎？」曰：「未可」。曰：「以有馬爲異有黃馬，是異黃馬于馬也；異黃馬于馬，是以黃馬爲非馬。以黃馬爲非馬，而以白馬爲有馬，此飛者入池而棺槨異處，此天下之悖言亂辭也。」

曰：「有白馬不可謂無馬者，離白之謂也；不離者，有白馬不可謂有馬也。故所以爲有馬者，獨以馬爲有馬耳，非有白馬爲有馬。故其爲有馬也，不可以謂馬馬也。」

曰：「白者不定所白，忘之而可也。白馬者，言白定所白也，定所白者非白也。馬者，無去取于色，故黃黑皆所以應；白馬者，有去取于色，黃、黑馬皆所以色去，故唯白馬獨可以應耳。無去者非有去也，故曰：『白馬非馬。』」

指物論

物莫非指，而指非指。天下無指，物無可以謂物。非指者，天下而物可謂指乎？指也者，天下之所無也；物也者，天下之所有也。以天下之所有，爲天下之所無，未可。

天下無指，而物不可謂指也；不可謂指者，非指也？非指者，物莫非指也。

天下無指，而物不可謂指者，非有非指也；非有非指者，物莫非指也；物莫非指者，而指非指也。

天下無指者，生于物之各有名，不爲指也。不爲指而謂之指，是兼不爲指。以有不爲指之無不爲指，未可。

且指者，天下之所兼。天下無指者，物不可謂無指也；不可謂無指者，非有非指也；非有非指者，物莫非指。

指非非指也；指與物，非指也。使天下無物指，誰徑謂非指？天下無物，誰徑謂指？天下有指無物指，誰徑謂非指？徑謂無物非指？且夫指固自爲非指，奚待於物而乃與爲指。

通變論

曰：「二有一乎？」曰：「二無一。」

曰：「二有右乎？」曰：「二無右。」

曰：「二有左乎？」曰：「二無左。」

曰：「右可謂二乎？」曰：「不可。」

曰：「左可謂二乎？」曰：「不可。」

曰：「左與右可謂二乎？」曰：「可。」

曰：「謂變，非不變可乎？」曰：「可。」

曰：「右有與，可謂變乎？」曰：「可。」

曰：「變隻？」曰：「右。」

曰：「右苟變，安可謂右？苟不變，安可謂變？」曰：「二苟無左，又無右，二者左與右，奈何？」曰：「羊合牛非馬，牛合羊非雞。」

曰：「何哉？」

曰：「羊與牛唯異，羊有齒，牛無齒，而牛之非羊也，羊之非牛也，未可，是不俱有，而或類焉。羊有角，牛有角，牛之而羊也，羊之而牛也，未可，是俱有，而類之不同也。羊牛有角，馬無角，馬有尾，牛羊無尾，故曰羊合牛非馬也，非馬者，無馬也；無馬者，羊不二，牛不二，而羊牛二，是而羊，而牛，非馬，可也。若舉而以是，猶類之不同，若左右，猶是舉。

牛羊有毛，雞有羽。謂雞足一，數足二，二而一，故三。謂牛羊足一，數足四，四而一，故五。牛羊足五，雞足三，故曰牛合羊非雞。非有、以非雞也，與馬以雞，寧馬。材不材，其無以類，審矣。舉是亂名，是謂狂舉。」

曰：「他辯。」

曰：「青以白非黃，白以青非碧。」

曰：「何哉？」

曰：「青白不相與而相與，反對也。不相鄰而相鄰，不害其方也。不害其方者，反而對，各當其所，若左右不驪。故一于青不可，一于白不可，惡乎其有黃矣哉？黃其正矣，是正舉也；其有君臣之于國焉，故強壽矣。而且青驪乎白，而白不勝也。白足之勝矣，而不勝，是木賊金也。木賊金者碧，碧則非正舉矣。青白不相與而相與，不相勝，則兩明也。爭而明，其色碧也。與其碧，寧黃。黃其馬也，其與類乎；碧其雞也，其與暴乎！暴則君臣爭而兩明也，兩明者昏不明，非正舉也。非正舉者，名實無當，驪色章焉，故曰兩明也。兩明而道喪，其無有以正焉。」

堅白論

「堅白石三，可乎？」

曰：「不可。」

曰：「二可乎？」

曰：「可。」

曰：「何哉？」

曰：「無堅得白，其舉也二；無白得堅，其舉也二。」

曰：「得其所白，不可謂無白，得其所堅，不可謂無堅；而之石也之于然也，非三也」？

曰：「視不得其所堅而得其所白者，無堅也。拊不得其所白而得其所堅者，無白也。」

曰：「天下無白，不可以視石；天下無堅，不可謂石。堅白石不相外，藏三可乎？」

曰：「有自藏也，非藏而藏也。」

曰：「其白也，其堅也，而石必得以相盈，其自藏奈何？」

曰：「得其白、得其堅，見與不見離，一一不相盈，故離。離也者，藏也。」

曰：「石之白，石之堅，見與不見，二與三，若廣修而相盈也，其非舉乎？」

曰：「物白焉，不定其所白；物堅焉，不定其所堅；不定者，兼。惡乎甚石也？」

曰：「循石，非彼無石。非石，無所取乎白石。不相離者，固乎然，其無已。」

曰：「于石，一也；堅白，二也，而在于石。故有知焉，有不知焉；有見焉，有不見焉。故知與不知相與離，見與不見相與藏。藏故，孰謂之不離？」

曰：「目不能堅，手不能白，不可謂無堅，不可謂無白；其異任也，其無以代也。堅白域于石，惡乎離？」

曰：「堅未與石爲堅，而物兼，未與爲堅，而堅必堅；其不堅石、物而堅，天下未有若堅而堅藏。白固不能自白，惡能白石、物乎？若白者必白，則不白物而白焉，黃黑與之然，石其無有，惡取堅白石乎？故離也，離也者因是。力與知果，不若因是。且猶白以目、以火見，而火不見，則火與目不見而神見，神不見，而見離。堅以手而手以捶，是捶與手知而不知，而神與不知。神乎！是之謂離焉。離也者，天下故獨而正。」

名實論

天地與其所產焉，物也。物以物其所物而不過焉，實也。實以實其所實不曠焉，位也。出其所位，非位；位其所位焉，正也。以其所正，正其所不正；以其所不正，疑其所正。其正者，正其所實也，正其所實者，正其名也。

其名正，則唯乎其彼此焉。謂彼，而彼不唯乎彼，則彼謂不行；謂此，而此不唯乎此，則此謂不行。其以當不當也，不當而當，亂也。故彼彼當乎彼，則唯乎彼，其謂行彼；此此當乎此，則唯乎此，其謂行此。其以當而當也。以當而當，正也。

故彼彼止于彼，此此止于此，可。彼此而彼且此，此彼而此且彼，不可。

夫名實，謂也。知此之非此也，知此之不在此也，則不謂也。知彼之非彼也，知彼之不在彼也，則不謂也。

至矣哉，古之明王。審其名實，愼其所謂。至矣哉，古之明王！

惠子

周惠施著

歷物

莊子引惠施歷物之意，歷物是其篇名

至大無外，謂之大一；至小無内，謂之小一。無厚，不可積也，其大千里。天與地卑，山與澤平。日方中睨，物方生方死。大同而與小同異，此之謂小同異；萬物畢同畢異，此之謂大同異。南方無窮而有窮。今日適越而昔來。連環可解也。我知天下之中央，燕之北、越之南是也。汎愛萬物，天地一體也。惠施以此爲大，觀於天下而曉辯者，天下之辯者相與樂之。卵有毛；雞三足；郢有天下；犬可以爲羊；馬有卵；丁子有尾；火不熱；山出口；輪不蹍地；目不見，指不至，至不絕；龜長於蛇；矩不方；規不可以爲圓；鑿不圍枘；飛鳥之景未嘗動也；鏃矢之疾而有不行不止之時；狗非犬；黃馬驪牛三；白狗黑；孤駒未嘗有母；一尺之棰，日取其半，萬世不竭。辯者以此與惠施相應，終身無窮。莊子雜篇天下

尹文子

齊尹文著

大道上

大道無形，稱器有名。名也者，正形者也。形正由名，則名不可差。故仲尼云：「必也正名乎！名不正，則言不順也。」大道不稱，眾有必名。生於不稱，則群形自得其方圓；名生於方圓，則眾名得其所稱也。

大道治者，則名法儒墨自廢；以名法儒墨治者，則不得離道。老子曰：「道者，萬物之奧，善人之寶，不善人之所寶。是道治者，謂之善人；藉名法儒墨者，謂之不善人。善人之與不善人，名分日離，不待審察而得也。

道不足以治，則用法；法不足以治，則用術。術不足以治，則用權，權不足以治，則用勢；勢用則反權，權用則反術，術用則反法，法用則反道，道用則無為而自治。故窮則徼終，徼終則反始；始終相襲，無窮極也。

有形者必有名，有名者未必有形。形而不名，未必失其方圓白黑之實；名而無形，不可不尋名以檢其差，故亦有名以檢形，形以定名，名以定事，事以檢名，察其所以然，則形名之與事物無所隱其理矣。

名有三科，法有四呈。一曰命物之名，方圓白黑是也；二曰毀譽之名，善惡貴賤是也；三曰況謂之名，賢愚愛憎是也。一曰不變之法，君臣上下是也，三曰齊俗之法，能鄙同異是也；三曰治眾之法，慶賞刑罰是也，四曰平准之法，律度權量是也。

術者，人君之所密用，群下不可妄窺；勢者，制法之利器，群下不可妄爲。人君有術，而使群下得窺，非術之奧者；有勢，使群下得爲，非勢之重者。大要在乎先正名分，使不相侵雜，然後術可祕，勢可專。

名者，名形者也，形者，應名者也。然形非正名也，名非正形也，則形之與名，居然別矣；不可相亂，亦不可相無。無名，故大道無稱；有名，故名以正形。今萬物具存，不以名正之則亂，萬名具列，不以形應之則乖。故形名者，不可不正也。

善名命善，惡名命惡，故善有善名，惡有惡名。聖賢仁智，命善者也；頑嚚凶愚，命惡者也。今即聖賢仁智之名，以求聖賢仁智之實，未之或盡也；即頑嚚凶愚之名，以求頑嚚凶愚之實，亦未或盡也。使善惡盡然有分，雖未能盡物之實，猶不患其差也。故曰：「名不可不辨也。」

名稱者，別彼此而檢虛實者也。自古至今，莫不用此而得，用彼而失，失者由名分混，得者由名分察。今親賢而疏不肖，賞善而罰惡，賢不肖善惡之名宜在彼，親疏賞罰之稱宜屬我，我之與彼又復一名，名之察者也。名賢不肖爲親疏，名善惡爲賞罰，合彼我之一稱而別之，名之混者也。故曰：「名稱者，不可不察也。」

語曰：「好牛」，又曰：「不可不察也。」好，則物之通稱；牛，則物之定形。以通稱隨定形，不可窮極者也。設復言好馬，則復連於馬矣，則好所通無方也。設復言好人，則彼屬於人矣。則好非人，人非好也。則好牛、好馬、好人、之名自離矣。故曰：「名分不可相亂也。」

五色、五聲、五臭 五味，凡四類，自然存焉天地之間，而不期爲人用，人必用之，終身各有好惡，而不能辨其名分。名宜屬彼，分宜屬我。我愛白而憎黑，韻商而舍徵，好膻而惡焦，嗜甘而逆苦；白黑、商徵、膻焦、甘苦，彼之名也；愛憎、韻舍、好惡、嗜逆，我之分也。定此名分，則萬事不亂也。

故人以度審長短，以量受少多，以衡平輕重，以律均清濁，以名稽虛實，以法定治亂，以簡治煩惑，以易御險難。以萬事皆歸於一，百度皆準於法。歸一者簡之至，準法者易之極。如此，頑嚚聾瞽，可與察慧聰明同其治也。

天下萬事，不可備能，責其備能於一人，則賢聖其猶病諸！設一人能備天下之事，能左右前後之宜，遠近遲疾之間，必有不兼者焉。苟有不兼，於治闕矣。全治而無闕者，大小多少，各當其分；農商工仕，不易其業。老農長商，習工舊仕，莫不存焉，則處上者何事哉？故有理而無益於治者，君子弗言；有能而無益於事者，君子弗爲。君子非樂有言，有益於治，不得不言；君子非樂有爲，有益於事，不得不爲。故所言者，不出於名法權術；所爲者，不出於農稼軍陣，周務而已；故明主不爲治外之理，小人必言事外之能。小人亦知言損於治而不能不言；小人亦知能損於事，而不能不爲。故所言者，極於儒墨是非之辨；所爲者，極於堅僞偏抗之行，求名而已；故明主誅之。古語曰：「不知無害於君子，知之無損於小人。工匠不能，無害於巧；君子不知，無害於治。」此信矣。

爲善，使人不能得從，此獨善也；爲巧，使人不能得從，此獨巧也，未盡善巧之理。爲善、與眾行之，爲巧、與眾能之，此善之善者，巧之巧者也。所貴聖人之治，不貴其獨治，貴其能與眾治；貴工倕之巧，不貴其獨巧，貴其能與眾共巧也。今世之人，行欲獨賢，事欲獨能，辨欲出群，勇欲絕眾。獨行之賢，不足以成化；獨能之事，不足以周務；出群之辨，不可爲户說；絕眾之勇，不可與征陣，凡此四者，亂之所由生；是以聖人任道以夷其險，立法以理其差；使賢愚不相棄，能鄙不相遺。能鄙不相遺，則能鄙齊功；賢愚不相棄，則賢愚等慮，此至治之術也。

名定則物不競；分明，則私不行。物不競，非無心，由名定，故無所措其心；私不行，非無欲，由分明，故無所措其欲。然則心欲人人有之，而得同於無心無欲者，制之有道也。

田駢曰：「天下之士，莫肯處其門庭，臣其妻子，必遊宦諸侯之朝者，利引之也。遊於諸侯之朝，皆志爲卿大夫，而不擬於諸侯者，名限之也。」彭蒙曰：「雉兔在野，衆人逐之，分未定也；雞豕滿市，莫有志者，分定故也。」物奢，則仁智相屈；分定，則貪鄙不爭。圓者之轉，非能轉而轉，不得不轉也；方者之止，非能止而止，不得不止也。因圓之自轉，使不得止；因方之自止，使不得轉。何苦物之失分？故因賢者之有用，使不得不用；因愚者之無用，使不得用。用與不用，皆非我用；因彼所用、與不可用、而自得其用，奚患物之亂乎？

物皆不能自能，不知自知；智非能智而智，愚非能愚而愚，好非能好而好，醜非能醜而醜。夫不能自能，不知自知，則智好何所貴，愚醜何所賤？則智不能得夸愚，好不能得嗤醜，此爲得之道也。

道行於世，則貧賤者不怨，富貴者不驕，愚弱者不懾，智勇者不陵，定於分也；法行於世，則貧賤者不敢怨富貴，富貴者不敢陵貧賤，愚弱者不敢冀智勇，智勇者不敢鄙愚弱，此法之不及道也。

世之所貴，同而貴之，謂之俗；世之所用，同而用之，謂之物。苟違於人，俗所不與；苟忮於衆，俗所共去。故心皆殊，而爲行若一；所好各異，而資用必同；此俗之所齊，物之所飾。故所齊不可不愼，所飾不可不擇。昔齊桓好衣紫，闔境不鬻異采；楚莊愛細腰，一國皆有饑色；上之所以率下，乃治亂之所由也。

故俗苟沴，必爲治以矯之，物苟溢，必立制以檢之。累於俗，飾於物者，不可與爲治矣。昔晉國苦奢，文公以儉矯之，及衣不重帛，食不兼肉，無幾時，人皆大布之衣，脫粟之飯。越王勾踐謀報吳，欲人之勇，路逢怒蛙而軾之，比及數年，民無長幼，臨敵，雖湯火不避。居上者之難，如此之驗。

聖王知民情之易動，故作樂以和之，制禮以節之。在下者不得用其私，故禮樂獨行；則私欲寢廢，私欲寢廢，則遭賢之與遭愚均矣。若使遭賢則治，遭愚則亂，是治亂屬於賢愚，不係於禮樂。是聖人之術，與聖主而俱沒，治世之法，逮易世而莫，用則亂多而治寡，亂多而治寡，則賢無所貴，愚無所賤矣。

處名位，雖不肖、不愚、物不疏己，親疏係乎勢利，不係於不肖與仁賢；吾亦不敢據以爲天理，以爲地勢之自然者爾。今天地之間，不肖實衆，仁賢實寡，趨利之情，不肖特厚，廉恥之情，仁賢偏多。今以禮義招仁賢，所得仁賢者，萬不一焉；以名利招不肖，所得不肖者，觸地是焉。故曰：「禮義成君子，君子未必須禮義；名利治小人，小人不可無名利。」

慶賞刑罰，君事也；守職效能，臣業也。君料功黜陟，故有慶賞刑罰；臣各愼所任，故有守職效能。君不可與臣業，臣不可侵君事，上下不相侵與，謂之名正，名正而法順也。接萬物使分，別海内使不雜；見侮不辱，見推不矜；禁暴息兵，救世之門，此仁君之德，可以爲主矣。守職分使不亂，愼所任而無私，飢飽一心，毁譽同慮；賞亦不忘，罰亦不怨，此居下之節，可爲人臣矣。

世有因名以得實，亦有因名以失實。宣王好射，説人之謂己能用強也；其實所用不過三石，以示左右，左右皆引試之，中闕而止。皆曰：「不下九石，非大王孰能用是！」宣王悦之。然則宣王用不過三石，而終身自以爲九石。三石，實也；九石，名也。宣王悦其名而喪其實。齊有黄公者，好謙卑，有二女，皆國色，以其美也，常謙辭毁之，以爲醜惡，醜惡之名遠布，年過而一國無聘者。衛有鰥夫時冒娶之，果國色。然後曰：「黄公好謙，故毁其子不姝美。」於是爭禮之，亦國色也。國色，實也醜惡名也，此違名而得實矣。楚人擔山雉者，路人問：「何鳥也？」擔雉者欺之，曰：「鳳凰也。」路人曰：「我聞有鳳凰，今直見之，汝販之乎？」曰：「然。」則十金，弗與；請加倍，乃與之。將欲獻楚王，經宿而鳥死，路人不遑惜金，惟恨不得以獻楚王。國人傳之，咸以爲眞鳳凰，貴欲以獻之，遂聞楚王。王感其欲獻於己，召而厚賜之，過於買鳥之金十倍。魏田父有耕於野者，得寶玉徑尺，弗知其玉也，以告鄰人，鄰人陰欲圖之，謂之曰：「怪石也，畜之弗利其家，弗如復之。」田父雖疑，猶錄以歸，置於廡下，其夜玉明，光照一室，田父稱家大怖，復以告鄰人，曰：「此怪之徵，遄棄殃可銷。」於是遽而棄於遠野，鄰人無何盜之，以獻魏王。魏王召玉工相之，玉工望之，再拜而立：「敢賀王王得此天下之寶，臣未嘗見。」王問價，玉工曰：「此無價以當之，五城之都，僅可一觀。」魏王立賜獻玉者千金，長食上大夫祿。

凡天下萬里，皆有是非，吾所不敢誣：是者常是，非者常非，亦吾所信。然是雖常是，有時而不用，非雖常非，有時而必行。故用是而失，有矣；行非而得，有矣。是非之理不同，而更興廢，翻爲我用，則是非焉在哉？

觀堯舜湯武之成，或順或逆，得時則昌；桀紂幽厲之敗，或是或非，失時則亡。五伯之主亦然。宋公以楚人戰於泓，公子目夷曰：「楚眾我寡，請其未悉濟而擊之。」宋公曰：「不可，吾聞不鼓不成列，寡人雖亡之餘，不敢行也。」戰敗，楚人執宋公。齊人弒襄公，立公孫無知，召忽、夷吾奉公子糾奔魯，鮑叔牙奉公子小白奔莒，既而無知被殺。二公子爭國，糾宜立者也，小白先入，故齊人立之。既而使魯人殺糾，召忽死之，徵夷吾以爲相。晉文公爲驪姬之譖，出亡十九年，惠公卒，賂秦以求反國，殺懷公子而自立。彼一君正，而不免於執，二君不正，霸業遂焉。

己是而舉世非之，則不知己之是；己非而舉世是之，亦不知己所非。然則是非隨眾賈而爲正，非己所獨了，則犯眾者爲非，順眾者爲是。故人君處權乘勢，處所是之地，則人所不得非也。居則物尊之，動則物從之，言則物誠之，行則物則之，所以居物上，御群下也。

國亂有三事：年飢民散，無食以聚之，則亂；治國無法，則亂；有法而不能用，則亂；有食以聚民，有法而能行，國不治，未之有也。

大道下

仁義禮樂、名法刑賞，凡此八者，五帝三王治世之術也。故仁以道之，義以宜之，禮以行之，樂以和之，名以正之，法以齊之，刑以威之，賞以勸之。故仁者，所以博施於物，亦所以生偏私；義者，所以立節行，亦所以成華僞；禮者，所以行恭謹，亦所以生惰慢；樂者，所以和情志，亦所以生淫放；名者，所以正尊卑，亦所以生矜篡；法者，所以齊眾異，亦所以乖名分；刑者，所以威不服，亦所以生陵暴；賞者，所以勸忠能，亦所以生鄙爭。凡此八術，無隱於人，而常存於世，非自顯於堯湯之時，非自逃於桀紂之朝，用得其道，則天下治；失其道，則天下亂。過此而往，雖彌綸天地，籠絡萬品，治道之外，非群生所餐挹，聖人錯而不言也。

凡國之存亡有六徵：有衰國，有亡國，有昌國，有彊國，有治國，有亂國。所謂亂亡之國者，凶虐殘暴不與焉；所謂彊治之國者，威力仁義不與焉。君年長，多媵、少子孫，疏宗族，衰國也；君寵臣、臣愛君，公法廢、私欲行，亂國也；國貧小、家富大，君權輕、臣勢重，亡國也；凡此三徵，不待凶虐殘暴而後弱也，雖曰見存，吾必謂之亡者也；內無專寵，外無近習，支庶繁字，長幼不亂，昌國也；農桑以時，倉廩充實，兵甲勁利，封疆脩理，彊國也；上不勝其下，下不犯其上，上下不相勝犯，故禁令行，人人無私，雖經險易而國不可侵，治國也；凡此三徵，不待威力仁義而後彊，雖曰見弱，吾必謂之存者也。

治主之興，必有所先誅。先誅者，非謂盜，非謂姦，此二惡者，一時之大害，非亂政之本也。亂政之本，下侵上之權，臣用君之術，心不畏時之禁，行不軌時之法，此大亂之道也。孔丘攝魯相，七日而誅少正卯，門人進問曰：「夫少正卯，魯之聞人也，夫子為政而先誅，得無失乎？」孔子曰：「居！吾語汝其故。人有惡者五，而竊盜姦私不與焉，一曰心達而險，二曰行僻而堅，三曰言僞而辨，四曰彊記而博，五曰順非而澤。此五者有一於人，則不免君子之誅；而少正卯兼有之，故居處足以聚徒成群，言談足以飾邪熒眾，彊記足以反是獨立，此小人雄桀也，不可不誅也。是以湯誅尹諧，文王誅潘正，太公誅華士，管仲誅付里乙，子產誅鄧析、史付，此六子者，異世而同心，不可不誅也。詩曰：『憂心悄悄，慍於群小。』小人成群，斯足畏也。」語曰：「佞辨可以熒惑鬼神。」曰：「鬼神聰明正直，孰曰熒惑者？」曰：「鬼神誠不受熒惑，此尤佞辨之巧，靡不入也。」夫佞辨者，雖不能熒惑鬼神，熒惑人明矣。探人之心，度人之欲，順人之嗜好而不敢逆，納人於邪惡而求其利。人喜聞己之美也，善能揚之；惡聞己之過也，善能飾之。得之於眉睫之間，承之於言行之先。語曰：「惡紫之奪朱，惡利口之覆邦家。」斯言足畏，而終身莫悟，危亡繼踵焉。

老子曰：「以政治國，以奇用兵，以無事取天下。」政者，名法是也；以名法治國，萬物所不能亂。奇者，權術是也；以權術用兵，萬物所不能敵。凡能用名法權術，而矯抑殘暴之情，則己無事焉；己無事，則得天下矣。故失治則任法，失法則任兵，以求無事，不以取彊；取彊，則柔者反能服之。老子曰：「民不畏死，如何以死懼之？」凡民之不畏死，由刑罰過。刑罰過，則民不賴其生；生無所賴，視君之威末如也。刑罰中，則民畏死，畏死由生之可樂也；知生之可樂，故可以死懼之。此人君之所宜執，臣下之所宜慎。

田子讀書，曰：「堯時太平。」宋子曰：「聖人之治以致此乎？」彭蒙在側，越次答曰：「聖法之治以至此，非聖人之治也。」宋子曰：「聖人與聖法何以異？」彭蒙曰：「子之亂名甚矣。聖人者，自己出也；聖法者，自理出也。理出於己，己非理也；己能出理，理非己也。故聖人之治，獨治者也；聖法之治，則無不治矣。此萬世之利，唯聖人能該之。」宋子猶惑，質於田子，田子曰：「蒙之言然。」

莊里丈人，字長子曰：「盜」，少子曰：「毆」。盜出行，其父在後追呼之，曰：「盜！盜！」吏聞，因縛之。其父呼毆喻吏，遽而聲不轉，但言「毆！毆！」吏因毆之，幾殪。康衢長者，字僮曰：「善搏。」字犬曰：「善噬」賓客不過其門者三年，長者怪而問之，乃實對。於是改之，賓客復往。鄭人謂玉未理者爲璞，周人謂鼠未腊者爲璞。周人懷璞，謂鄭賈曰：「欲買璞乎？」鄭賈曰：「欲之。」出其璞視之，乃鼠也。因謝不取。

父之於子也，令有必行者，有必不行者，去貴妻，賣愛妾，此令必行者也，因曰：「汝無敢恨，汝無敢思。」令必不行者也。故爲人上者，必慎所令。凡人富則不羡爵祿，貧則不畏刑罰。不羡爵祿者，自足於己也；不畏刑罰者，不賴存身也。二者爲國之所甚病，而不知防之之術，故令不行而禁不止；若使令不行而禁不止，則無以爲治；無以爲治，是人君虛臨其國，徒君其民，危亂可立而待矣。

今使由爵祿而後富，則人必爭盡力於其君矣；由刑罰而後貧，則人咸畏罪而從善矣。故古之爲國者，無使民自貧富，貧富皆由於君，則君專所制，民知所歸矣。貧則怨人，賤則怨時，而莫有自怨者，此人情之大趣也。然則不可以此是人情之大趣，而一概非之，亦有可矜者焉，不可不察也。

今能同算鈞，而彼富我貧，能不怨則美矣，雖怨無所非也；才鈞智同，而彼貴我賤，能不怨則美矣，雖怨無所非也。其敝在於不知乘權藉勢之異，而雖曰智能之同，是不達之過，雖君子之鄙，亦君子之怒也。人貧則怨人，富則驕人，怨人者，苦人之不祿施於己也；起於情所難安，而不能安，猶可恕也。驕人者，無苦而無故驕人，此情所易制，而弗能制，弗可恕矣。衆人見貧賤，則慢而疏之，見富貴，則敬而親之，貧賤者請賕於己，疏之可也；未必損己，而必疏之，以其無益於物之具故也。富貴者有施與己，親之可也；未必益己，而必親之，則彼不敢親我矣。三者獨立，無致親致疏之所，人情終不能不以貧賤富貴易慮，故謂之大惑焉。窮獨貧賤，治世之所共矜，亂世之所共侮。治世非爲矜窮獨貧賤而治，是治之一事也；亂世亦非侮窮獨貧賤而亂，亦是亂之一事也。每事治則無亂，亂則無治。視夏商之盛，夏商之衰，則其驗也。

貧賤之望富貴甚微，而富貴不能酬其甚微之望。夫富者之所惡，貧者之所美，貴者之所輕，賤者之所榮，然而弗酬，弗與同苦樂故也。雖弗酬之，於物弗傷。今萬民之望人君，亦如貧賤之望富貴。其所望者蓋欲料長幼，平賦斂，時其飢寒，省其疾痛，賞罰不濫，使役以時，如此而已；則於人君弗損也。然而弗酬，弗與同勞逸故也。故爲人君，不可弗與民同勞逸焉。故富貴者，可不酬貧賤者，人君不可不酬萬民；不酬萬民，則萬民之所不願戴；所不願戴，則君位替矣，危莫甚焉，禍莫大焉！

鄧子

鄭鄧析著

無厚篇

天於人，無厚也；君于民，無厚也；父于子，無厚也；兄于弟，無厚也。何以言之？天不能屏勃厲之氣，全夭折之人，使爲善之民必壽，此於民無厚也。凡民有穿窬爲盜者，有詐僞相迷者，此皆生於不足，起于貧窮，而君必執法誅之，此於民無厚也。堯舜位爲天子，而丹朱、商均爲布衣，此於子無厚也。周公誅管、蔡，此於弟無厚也。推此言之，何厚之有？循名責實，君之事也；奉法宣令，臣之職也。下不得自擅，上操其柄而不理者，未之有也。君有三累，臣有四責。何謂三累？惟親所信，一累；以名取士，二累；近故親疏，三累。何謂四責？受重賞而無功，一責；居大位而不治，二責；爲理官而不平，三責；御軍陣而奔北，四責。君無三累，臣無四責，可以安國。

勢者，君之輿；威者，君之策；臣者，君之馬；民者，君之輪。勢固則輿安，威定則策勁，臣順馬良，民和則輪利。爲國失此，必有覆車奔馬、折輪敗載之患，安得不危？

異同之不可別，是非之不可定，白黑之不可分，清濁之不可理，久矣。誠聽能聞於無聲，視能見於無形，計能規於未兆，慮能防於未然，斯無他也。不以耳聽，則通於無聲矣。不以目視，則照於無形矣。不以心計，則達於無兆矣。不以知慮，則合於未然矣君者，藏形匿影，群下無私。掩目塞耳，萬民恐震。

循名責實，察法立威，是明王也。夫明於形者，分不遇於事；察於動者，用不失則利。故明君審一，萬物自定。名不可以外務，智不可以從他，求諸己之謂也。

治世，位不可越，職不可亂，百官有司，各務其刑。上循名以督實，下奉教而不違。所美觀其所終，所惡計其所窮。喜不以賞，怒不以罰，可謂治世。夫負重者患塗遠，據貴者憂民離。負重塗遠者，身疲而無功。在上離民者，雖勞而不治；故智者量塗而後負，明主視民而出政。

獵羆虎者，不於外圂；釣鯨鯢者，不居清池。何則，圂非羆虎之窟也，池非鯨鯢之泉也。楚之不泝流，陳之不束麾，長盧之不士，呂子之蒙耻。

夫游而不見敬，不恭也。居而不見愛，不仁也。言而不見用，不信也。求而不能得，無始也。謀而不見喜，無理也。計而不見從，遺道也。因勢而發譽，則等行而名殊。人齊而得時，則力敵而功倍。其所以然者，乘勢之在外。

推辯說，非所聽也；虛言向，非所應也；無益亂，非舉也。故談者，別殊類，使不相害，序異端，使不相亂。諭志通意，非務相乖也。若飾詞以相亂，匿詞以相移，非古之辯也。

慮不先定，不可以應卒。兵不閑習，不可以當敵。廟算千里，帷幄之奇。百戰百勝，黄帝之師。

死生自命，貧富自時，怨夭折者，不知命也。怨貧賤者，不知時也。故臨難不懼，知天命也。貧窮無懾，達時序也。凶饑之歲，父死於室，子死於户，而不相怨者，無所顧也。同舟渡海，中流遇風，救患若一，所憂同也。張羅而畋，唱和不差者，其利等也。故體痛者，口不能不呼；心悦者，顏不能不笑；責疲者，以舉千鈞，責兀者以及走兔，驅逸足於庭，求猨捷於檻，斯逆理而求之，猶倒裳而索領也。

事有遠而親，近而疏，就而不用，去而反求，凡此四行，明主大憂也。

夫水濁則無掉尾之魚，政苛則無逸樂之士，故令煩則民詐，政擾則民不定；不治其本，而務其末，譬如拯溺鍾之以石，救火投之以薪。

夫達道者，無知之道也，無能之道也，是知大道不知而中，不能而成，無有而足。守虛責實，而萬事畢。忠言於不忠，義生於不義。音而不收謂之放，言出而不督謂之闇。故見其象，致其形，循其理，正其名，得其端，知其情。若此何往不復，何事不成？有物者，意也。無外者，德也。有人者，行也。無人者，道也。故德非所履，處非所處，則失道。非其道不道，則諂。意無賢，慮無忠，行無道，言虛如受實，萬事畢。

夫言榮不若辱，非誠辭也。得不若失，非實談也。不進則退，不喜則憂，不得則亡，此世人之常。眞人危斯十者而爲一矣。所謂大辯者，別天下之行，具天下之物，選善退惡，時措其宜，而功立德至矣。小辯則不然，別言異道，以言相射，以行相伐，使民不知其要，無他故焉，故淺知也。君子并物而錯之，兼塗而用之，五味未嘗而辯於口，五行在身而布於人。故何方之道不從，面從之義不行，治亂之法不用。惔然寬裕，蕩然簡易，略而無失，精詳入纖微也。

夫舟浮於水，車轉於陸，此自然道也。有不治者，知不豫焉。

夫木擊折轊，水戾破舟，不怨木石而罪巧拙，故不載焉。故有知則惑，有心則嶮，有目則眩，是以規矩一而不易，不爲秦楚緩節，不爲胡越改容。一而不邪，方行而不流。一日形之，萬世傳之，無爲爲之也。

夫自見之明，借人見之闇也。自聞之聰，借人聞之聾也。明君知此，則去就之分定矣。爲君，當若冬日之陽，夏日之陰，萬物自歸，莫之使也。恬臥而功自成，優游而政自治。豈在振目搤腕，手據鞭朴，而後爲治歟？

夫合事有不合者，知與未知也。合而不結者，陽親而陰疏。故遠而親者，志相應也。近而疏者，志不合也。就而不用者，策不得也。去而反求者，無違行也。近而不御者，心相乖也。遠而相思者，合其謀也。故明君擇人，不可不審，士之進趣，亦不可不詳。

轉辭篇

世間悲哀喜樂，嗔怒憂愁，久惑於此，今轉之。在己爲哀，在他爲悲。在己爲樂，在他爲喜。在己爲嗔，在他爲怒。在己爲愁，在他爲憂。在己若扶之與攜，謝之與議，故之與右，諾之與己相去千里也。夫言之術，與智者言依於博，與博者言依於辯，與辯者言依於安，與貴者言依於勢，與富者言依於豪，與貧者言依於利，與勇者言依於敢，與愚者言依於說，此言之術也。不用在蚤圖，不窮在蚤稼。非所宜言勿言，非所宜爲勿爲，以避其危。非所宜取勿取，以避其咎。非所宜爭勿爭，以避其聲。一聲而非，駟馬勿追，一言而急，駟馬不及。故惡言不出口，苟語不留耳，此謂君子也。

夫任臣之法，闇則不任也，慧則不從也，仁則不親也，勇則不近也，信則不信也，不以人用人，故謂之神，怒出於不怒，爲出於不爲；視於無有，則得其所見；聽於無聲，則得其所聞。故無形者，有形之本，無聲者，有聲之母。循名責實，實之極也，按實定名，名之極也，參以相平，轉而相成，故謂之形名。

夫川竭而谷虛，丘夷而淵實，聖人以死，大盜不起，天下平而故也。聖人不死，大盜不止，何以知其然？爲之斗斛而量之，則弁斗斛而竊之；爲之權衡以平之，則弁與權衡而竊之；爲之符璽以信之，則幷與符璽而竊之；爲之仁義以教之，則幷仁義以竊之。何以知其然？彼竊財誅，竊國者爲諸侯，諸侯之門，仁義存焉，是非竊仁義耶？故遂以大盜霸諸侯，此重利也；盜跖所不可禁者，乃聖人之罪也。欲之與惡，善之與惡，四者變之失；恭之與儉，敬之與傲，四者失之修；故善素朴任，惔憂而無失，未有修焉，此德之永也。言有信而不爲信，言有善而不爲善者，不可不察也。

夫治之法，莫大於使私不行，功莫大於使民不爭，今也立法而行私，與法爭，其亂也甚於無法。立君而尊，愚與君爭，其亂也甚於無君。故有道之國，則私善不行，君立而愚者不爭，民一於君，事斷於法，此國之道也。明君之督大臣，緣身而責名，緣名而責形，緣形而責實，臣懼其重誅之至，於是不敢行其私矣。

心欲安靜，慮欲深遠，心安靜則神策生，慮深遠則計謀成，心不欲躁，慮不欲淺，心躁則精神滑，慮淺則百事傾。治世之禮，簡而易行。亂世之禮，煩而難遵。上古之樂，質而不悲，當今之樂，邪而爲淫。上古之民，質而敦朴；今世之民，詐而多行。上古象刑而民不犯，教有墨劓不以爲恥，斯民所以亂多治少也。堯置敢諫之鼓，舜立誹謗之木，湯有司直之人，武有戒愼之銘。此四君子者，聖人也，而猶若此之勤。至於栗陸氏殺東里子，宿沙氏戮箕文，桀誅龍逄，紂刳比干，四主者亂君，故其疾賢若仇。是以賢愚之相覺，若百丈之谿與萬仞之山，若九地之下與重山之顚。

明君之御民，若御奔而無轡，履氷而負重。親而疏之，疏而親之。故畏儉則福生，驕奢則禍起。聖人逍遙一世，罕匹萬物之形。寂然無鞭朴之罰，莫然無叱咤之聲，而家給人足，天下太平。視昭昭，知冥冥，推未運，睹未然。故神而不可見，幽而不可見，此之謂也。

君人者，不能自專而好任下，則智日困而數日窮。迫於下則不能申，行隨於國則不能持。知不足以爲治，威不足以行誅，無以與下交矣。故喜而使賞，不必當功。怒而而使誅，不必值罪。不愼喜怒，誅賞從其意，而欲委任臣下，故亡國相繼，殺君不絕。古人有言：「眾口鑠金，三人成虎。」不可不察也。

夫人情發言欲勝，舉事欲成，故明者不以其短，疾人之長。不以其拙，病人之工。言有善者，則而賞之。言有非者，顯而伐之。塞枉邪之路，蕩淫辭之端。臣下閔之，左右結舌，可謂明君。爲善者，君與之賞。爲惡者，君與之罰。因其所以來而報之，循其所以進而答之。聖人因之，故能用之，因之循理，故能長久。今之爲君，無堯舜之才，而慕堯舜之治，故終顚殞乎混冥之中，而事不覺於昭明之術，是以虛慕欲治之名，無益亂世之理也。

患生於官成，病生於少瘳，禍生於懈慢，孝衰於妻子，此四者，愼終如始也。富必給貧，壯必給老。快情恣欲，必多侈悔。故曰：「尊貴無以高人，聰明無以寵人，資給無以先人，剛勇無以勝人。」能履行此，可以為天下君。

夫謀莫難於必聽，事莫難於必成。成必合於數，聽必合於情，故抱薪加火，爍者必先然。平地注水，濕者必先濡。故曰：「動之以其類，安有不應者？」獨行之術也。

明君立法之後，中程者賞，缺繩者誅。非此之謂，君曰亂君，國曰亡國。

智者寂於是非，故善惡有別。明者寂於去就，故進退無類。若智不能察是非，明不能審去就，斯謂虛妄。

目貴明，耳貴聽，心貴公。以天下之目視，則無不見。以天下之耳聽，則無不聞。以天下之智慮，則無不知。得此三術，則存於不為也。